动销操盘

节奏掌控与
社群时代新战法

朱志明◎著

企业管理出版社
ENTERPRISE MANAGEMENT PUBLISHING HOUSE

图书在版编目（CIP）数据

动销操盘：节奏掌控与社群时代新战法/朱志明著．—北京：企业管理出版社，2016.11
ISBN 978-7-5164-1361-6

Ⅰ.①动… Ⅱ.①朱… Ⅲ.①产品营销 Ⅳ.①F713.50

中国版本图书馆CIP数据核字（2016）第233784号

书　　名：	动销操盘：节奏掌控与社群时代新战法
作　　者：	朱志明
责任编辑：	程静涵
书　　号：	ISBN978-7-5164-1361-6
出版发行：	企业管理出版社
地　　址：	北京市海淀区紫竹院南路17号　邮编：100048
网　　址：	http://www.emph.cn
电　　话：	总编室（010）68701719　发行部（010）68701816
	编辑部（010）68701638
电子信箱：	qyglcbs@emph.cn
印　　刷：	北京旭丰源印刷技术有限公司
经　　销：	新华书店
规　　格：	170毫米×240毫米　16开本　18印张　208千字
版　　次：	2016年11月第1版　2016年11月第1次印刷
定　　价：	88.00元

版权所有　翻印必究·印装有误　负责调换

导读

目前，中国经济遭遇前所未有的阵痛期，各行各业多陷入停滞不前的魔障中，虽然也有不少领先型与黑马型企业，一骑绝尘，无论业绩增长还是市场扩张，抑或是产品的动销、畅销、持续销都呈现出高歌猛进的景象。而那些边缘化的中小企业、地方企业却陷入生存艰难、突破迷茫的徘徊阶段，甚至一些强势品牌、名优品牌在下沉到区域市场的实际运作中，同样遭遇市场突破困难，优势还只是聚合在当地的强势品牌上，动销问题、业绩增长问题成了区域市场操盘者最关注的问题。

经历太多以弱胜强、以小博大的市场操盘案例，深谙无论是市场突破、业绩提升、产品动销问题，其中都有着系统的逻辑关系及运作机理，只有深刻把握这些规律与方法，解决市场问题、业绩问题、动销问题，才能快速实现改变、实现价值。

本书从七个章节阐述关于动销操盘的要诀，不仅能够让读者系统了解动销系统的关键点、规律、方法论，还能让读者任选一个章节找到自己市场问题的解决方案。

动销的根本，是只有产品被消费者消费了，才能够形成动销。所以，本书开篇直指问题根本，来解析动销的本质、流行的规律、消费的链接，让读者能够深刻明白产品动销问题的根本解决方案，从外部视角思考问题，一定要从消费者本身解决问题。

消费者为什么选择消费你的产品，一定源于产品本身的价值性，无论是产品本身的、还是饮后的内涵，还是产品定位的价格带取向、市场运作的空间费用的合理性、驱动产品动销的利润政策设计与分配有效性。

新产品的动销一定是被卖起来的，而不是被买起来的，这个时候直接和消费者打交道的终端成为核心关键的组成部分，如何让那些能够起到带头作用的领袖终端愿意卖、主动卖、主力卖，成为产品能否快速动销的领路人。

产品的动销及市场的突破，都是先设计出来而后成功的。先生而后战，先策划再行动，才能保证在市场上少走弯路，否则就会变成夹生饭市场，产品动销难。所以，对于市场的布局、渠道的选择，进攻的策略在市场运作之前必须要精细谋算。

为什么同样的方法、策略、资源，不同的人去运作，得出的结果往往千差万别？问题出在哪里？在对产品动销、市场操作中的节点、节奏、主次、条件匹配性等问题，没有深刻把握与运用得当，导致有人败北，有人一路高歌前进。

人的问题永远是组织管理非常核心的问题。怎么让人能够主动、积极、高效地做出有价值、有绩效、有质量的工作，是保证市场突破、产品动销的基础条件，但现实中，大家都忙于做事，流于形式，并没有真正创造绩效，而是在不断地制造成本。

不多说了，赶紧翻页吧，里面一定有你最渴望得到的问题的解决答案……

朱志明

2016 年 8 月 8 日

序言

产品动销问题一直是广大企业与经销商最关心、最头疼的问题，本书和大家一起解析动销不畅的症结，一起寻找动销的规律与动销的方法。

大家在操作市场时，是不是经常遇到以下三种情况呢？

第一种情况：产品根本不动销，无论怎么努力，产品就是卖不动。原因有两个：第一个原因，产品真的不行（无卖相，无卖点，性价比差，口感、品质不适合等）；第二个原因，不知道怎么做动销工程。许多人以为产品铺到终端、陈列生动化，产品就会自然动销了。但这只是万里长征的第一步。更可怕的是，许多企业或经销商让销售人员不停地卖货，到处捕鱼，结果鱼逮一条死一条，最后产品被自己卖死了。

第二种情况：能够动，但特别慢，不温不火。虽然知道怎么做，但步骤不够完整，缺失核心环节。在市场上，我们经常看到许多弱势品牌的铺货率、终端陈列、氛围、终端维护工作等都做得不错，但动销特别慢。许多人把这个问题归结为品牌不行，这种说法有误，是不负责任的表现，任何品牌都是做出来的。这是因为只是做了静态的工作，没有让自己的产品和消费者互动起来，还没在消费者心中留下位置与影响力。

第三种情况：迅速火了，但很快又死了，或火过后销量一直徘徊不前。这种情况产生的原因往往是，虽然知道怎么做，方法也对，但没有把握好节奏。我们在市场上看到，许多品牌通过某个渠道，集中资源、聚焦产品，采取一系列的营销推拉策略，在这个渠道上做得相当不错，产品动销非常快，销售势头不错，但由于没有控制好价格，产品价格很快穿底，结果快速流行又快速死亡。或者产品在某个渠道火了，但由于迟迟不愿放量到其他渠道，结果出现新的对手猛力进攻，最后自己被消灭。

这三种情况是我们在市场上经常遇到的动销问题。但动销究竟和哪些核心要素有关？本书从动销的本质、流行的引爆、产品的魅力、价格的艺术、政策的力量、模式的选择、渠道的掌控、管理的策略、区域的定位、推拉的奥妙等方面给予厂家、经销商精准的指导，确保产品能够快速动销、持续旺销。

目录

第一章 消费为王
第一节 动销的本质 / 002
第二节 流行的引爆 / 009
第三节 消费的链接 / 019
第四节 社群营销 / 029

第二章 产品为本
第一节 产品的静销力 / 048
第二节 价格设计的艺术 / 055
第三节 玩转利润空间 / 066

第三章 终端为基
第一节 铺货的奥秘 / 074
第二节 二八法则 / 088
第三节 让客情更有生产力 / 097

第四节　终端高效化管理 / 108

第四章　市场的策略

　　第一节　区域市场的布局 / 122

　　第二节　渠道模式的定位和选择 / 130

　　第三节　必不可少的样板市场打造 / 140

第五章　动销的关键

　　第一节　成功源于机会 / 150

　　第二节　价值在于匹配性 / 162

　　第三节　把握节奏性 / 168

　　第四节　胜出就要聚焦 / 178

第六章　推广互动

　　第一节　氛围的打造 / 192

　　第二节　推广互动 / 202

　　第三节　促销的关键 / 213

　　第四节　终端推动 / 223

第七章　基础管理

　　第一节　销售人员的招、用、育、留、管 / 234

　　第二节　别让例会成为摆设 / 247

　　第三节　打造高绩效团队 / 258

第一章
Chapter 1

消费为王

动销操盘：
节奏掌控与社群时代新战法

第一节　动销的本质

每当企业、经销商或他们的销售人员咨询我一些关于产品动销方面的问题时，我都会问他们一个问题——消费者为什么要消费你们的产品？

面对这个问题，不妨换位思考一下：自己在消费一个产品时的消费心理与消费行为如何？自己为什么要选择某个品牌的产品消费呢？

有人说，这个产品有品牌影响力。产品的品牌影响力让你选择了它。

有人说，广告猛。到处都能看到广告，广告影响了你，让你选择了它。

有人说，促销。促销诱惑了你，影响你选择了它。

有人说，朋友推荐。因为别人的推荐，你的选择被影响了。

有人说，用过，感觉不错。是的，因为体验过，所以消费时想起了它。

有人说，看到自己的朋友圈都在使用，所以选择了它。

有人说，产品陈列面大，产品包装不错，看着性价比高，被吸引了，想尝试一下……

上述都是我们消费某个产品时被影响的外力因素。可能还有很多，不再一一列举。

仔细想一想，我们选择某个产品时，是不是因为某种外在的力量影响着我们，让我们选择了它呢？答案是肯定的。一定存在一些力量影响着我们。没有人会无缘无故地选择或消费一个自己从来没有消费过的产品。

一、消费者的消费心理与行为：容易被看到的、听到的、感受的影响

只有了解消费者行为，洞察消费者动机，我们才能做好营销。

通过大量的研究发现，消费者很容易受到外界的环境刺激而影响自己的购买决策。换句话说，作为营销者，如果能够发现那些能够影响消费者购买决策的外在因素，并且强化消费者认知，我们就能够激发消费者的购买决定。

我们把这些影响消费者购买决策的外在因素分为三类：视觉影响、听觉影响、味觉影响。

1. 视觉影响，即场景影响法

场景影响法就是终端打造产品销售氛围，刺激消费者的眼球神经，激发消费者的消费欲望。对白酒来说，我们要强化在餐饮酒店及流通终端的陈列效果，激发目标消费者的购买欲望。

在具体策略上，要优化资源、选点艺术、全面打击。优化资源就是要对所有终端进行详细的梳理、分析，不能盲目进行全面生动化。要注意选点艺术，要集中资源，选择那些具有很好的影响力、辐射力的终端进行重点氛围打造。而对于我们选择的终端，要本着全面发力的思路，进行系统的销售氛围营造，让消费者从进入终端的那一刻，就被我们的产品深深吸引，欲罢不能。

如酒店终端，要强调从进入核心酒店大门前的那一刻，也就是酒店旁边的路牌广告、店头广告、门口易拉宝、大厅台柱、酒店包厢台布、座椅、点菜单、酒水单、吧台、服务员、促销形象小姐，甚至厕所，都充斥着产品的身影。这就是销售氛围的力量，即视觉冲击的力量。

2. 听觉影响，即口碑影响法

我们在消费某种东西时，容易受老板（店员）推荐的影响、朋友（熟人）介绍的影响，甚至厂家面对面促销的影响，让消费者产生消费这个产品的欲望。

视觉影响更多的是消费者受到外界的感官刺激，而听觉影响因素更多的是来自外界的语言魅力。口碑影响法主要是要把握好四个部分：一是谁去影响才能让消费者信任？二是用什么样的方式才能让消费者感兴趣？三是如何影响他们？四是别人为什么要影响其他人？

谁去影响？一定是有影响力的人，如店老板、店内服务员、消费意见领袖、亲戚朋友、专业人士（如销售人员、促销人员、做这一行的人等）；用什么影响？产品的差异化卖点、产品的信任现状、产品给消费者带来的好处；如何影响？边说边体验，让消费者"眼见为实，耳听为虚"，只有听到、看到、感受到，才容易产生最佳效果。

一个人为什么要影响其他人？没有利益，就没有动机或动力。这个利益可能是精神利益，也可能是物质利益，更可能是双重利益的驱动。

3. 味觉影响，即体验影响法

我们经常看到让消费者免费品尝、品鉴会、酒厂参观旅游等活动，都是在增加与消费者之间的一种互动、体验的营销方法，目的是消费者喝到这种酒并感觉不错，而且能够信任这种酒。

增加消费者体验感，对白酒企业来说有三个途径。

（1）在特定终端，开展消费者免费品尝活动。要快速、集中地开展，形成势能。

（2）组织终端（餐饮、流通）常客，如商务社区、居民社区的消费人群，社会上匹配本产品定位、有一定影响力的领袖人物，进行一桌式品鉴会或大型品鉴会，充分体验、感受产品。

（3）组织核心目标消费者参观白酒的酿造过程、酿造工艺、酿造环境等，让消费者产生消费欲望及品牌忠诚度。

白酒企业如果要建立持续的核心竞争力，就要从味觉冲动性因素开始，同时要关注消费者的视觉冲动性因素，发觉消费者的听觉冲动性因素，将三者有机结合起来，从真正意义上激发消费者的消费热情和消费欲望，实现品牌真正的成长。

二、动销力源于影响力

影响力是由产品的静态势能与动态势能共同创造的一种力量。在产品同质化非常严重的市场竞争中，如果产品静悄悄地被淹没在众多同质化的产品中，没有任何影响消费者消费的动作或力量，会有被消费的机会吗？

没有影响就没有消费；没有影响就没有动销。消费者的选择是被影响出来的。所以，若想要产品动销，必须要做的事情就是制造产品的影响力。动销力源于影响力，没有影响力就没有动销力或销售力。

影响力究竟是什么？影响力是由产品在市场上创造的静态势能与动态势能及势能所辐射的范围决定的。

影响力 =（静态势能 + 动态势能）/ 推广范围

1. 静态势能

我们在市场上经常看到的产品的陈列、产品的广告等宣传推广方式，称之为静态推广。这种推广方式所产生的影响为静态势能。

2. 动态势能

在市场上经常看到的意见领袖开发、路演、品鉴、体验、品尝、抽奖、买赠、砸金蛋、主题促销、线上互动等直接与消费者进行互动的宣传推广方式，称之为动态推广。这种推广方式所产生的影响为动态势能。

静态势能与动态势能最根本的区别在于，静态势能是单方面地告知宣传所形成的影响。而动态势能却能让消费者参与进来，通过消费互动而创造影响。

3. 推广范围

无论是静态推广还是动态推广，在资源相对固定的情况下，所推广的范围或半径或区域，往往是越聚焦，效果越明显，产生的影响力越大。所以，势能越强，范围越聚焦，驱动产品动销的影响力就越强。

孙子说："故善战者，求之于势，不责与人。""营销"二字，

"营"在前,"销"在后,"营"就是营造势能,有足够的势能;销售就是顺水推舟的事情。

三、决定产品动销势能的三大关键要素:产品本身、曝光率、活跃度

真正具备销售力的产品或品牌是在市场上被打造出来的,是被消费者"用"起来的。我们看到许多地方卖得最好的品牌不是最知名的品牌,而是曝光率高、活跃度高的产品或品牌。当然,产品本身所创造的消费场景也有很多可圈可点之处。

1. 产品本身

任何能量的强弱,都与物质本身的质量有着不可分割的关系。产品的动销势能同样离不开产品本身的属性,即产品的品质、产品的包装、产品的卖点、产品的性价比、产品的消费场景等方面,产品本身属性越高,影响力就越大,创造的产品动销势能也越强。

其实,任何一个产品都是一种消费场景呈现的解决方案。如何通过产品来创造产品的消费场景解决方案呢?

首先,要分析出产品在消费场景中真正起作用的因素,然后转换为产品语言。

其次,把产品语言制造成流行的消费场景,使消费者在某种消费场景下不由自主地想到那个产品。

最后,通过流行的消费场景将产品的卖点、尖叫点、价值、品牌等通过推广宣传、体验互动等方式呈现在消费者面前,形成交流、互动,产生流量和消费。

2. 曝光率

曝光率就是能够引起消费者注意的频率与时间,引起消费者注

意的频率越高、时间越长，对消费者造成的影响也就越大。

有这样一个销售模式，叫爱达模式，即 AIDA，第一个 A（attention）的意思就是引起注意。

只有首先通过消费场景的营造，引起消费者的注意，才有机会让消费产生兴趣和欲望达成销售。引起消费者的注意，要么提高消费场景的曝光率，要么使消费场景让消费者一见钟情。

这里的消费场景是消费者能够感受到的一种鲜活场景，可以是静态的展示性场景，也可以是动态的互动性场景。

消费者在终端消费时，看到某个产品场景非常震撼，又看到别人在使用，引起了尝试的兴趣，这是消费场景下的一见钟情。如某个消费者在酒店吃饭，经常看到某产品在许多终端的店内外营造氛围，但是没有引起消费的兴趣。有一天，该产品恰巧在终端举办活动，他参与并体验了该产品，感觉品质、价格等都适合自己，于是改变了以后的消费选择。

曝光率是一种循循善诱的影响，一见钟情是一种情不自禁的影响。在同质化时代，对于产品的动销，循循善诱的多，情不自禁的少。

3. 活跃度

产品的活跃度越高，对消费者形成的动销认知影响就越强大。消费者在选择产品时，容易被市场上活跃度很高的产品所影响。简单来说，就是让消费者经常能看到、听到，嘴里还能体验到，并且还不断地被分享、传播。

怎么才能让消费者看到、听到、体验到产品呢？不同的企业，资源不同，所采取的方式、方法也会不同。不同的产品类型或价格带，所采取的核心影响手段也不同。但我们必须做到：让产品在消费场所脱颖而出,能够让人推荐自己的产品,能够让消费者参与体验自己的产品,能够让消费者传播自己的产品,能够让消费者感觉到自己的产品在流行。

第二节 流行的引爆

对消费者来说,第一次消费可能源于外力的影响,或是一种冲动的尝试。但是,如果消费者愿意持续不断地消费某产品,里面一定有着能够匹配、满足消费者内在需求的因素。也就是说,产品的初期或初次动销可能源于某种外力的影响,但是,产品若想持续动销或旺销,就必须有内在的力量驱动消费。

这种内在的驱动力究竟是什么?

一、消费者的内在需求往往被经济价值与社交价值同时驱动,唯有流行的产品才具有复合性功能

我们根据马斯洛需求5个层次理论分析,消费者的需求心理是由低到高逐渐递升的。但在现实生活中,消费者在消费一个产品时,并非是一个单一层面的消费需求心理,而是多种需求心理融合到一起。这种多重需求心理的融合,就是经济价值与社交价值的合二为一。也就是说,产品既要满足其基本物质功能、商品层面的经济价值需求,又要满足经济方面的承受力,要让消费者有面子、有价值感、有社交价值。

如何才能让一个产品同时满足消费者的经济价值与社交价值呢?除了产品本身的基本物质功能卖点精准、明确,产品包装不错,性

价比高以外，还有一个关键要素，就是产品比较流行。只有流行起来的产品，才能满足消费者多样化的需求，才能满足消费者的经济价值和社交价值，才能形成不止一次的消费，才能感觉有面子也有里子。

持续的动销源于流行，没有流行不仅难以持续动销，也形成不了真正的品牌。

二、理解流行的本质：流行 = 流量 × 高频

何谓流行？简单来说，就是产品被高频、扎堆地消费，形成高频、高流量的消费现象。

如，具体到酒上面，就是在某个区域内，或某个圈子内，或某种场景下（如婚宴、宴请），或某种渠道中，大家都在喝，而且在高频率、不间断地喝这种酒，这就是一种流行。

所以，一个产品若想真正持续地动销、旺销、畅销，首先要做的事情就是要制造流行，而且要这个流行不被破坏或替代。

那么，如何制造流行呢？酒是喝起来的。只有一部分人先喝起来，只有某种渠道先卖起来，只有某种场合（如喜宴）先流行起来，才有更大面积、更多场合的流行。流行一定是点上、小圈子、小范围打造和引爆出来的。所以，我们必须深深把握住自己的产品定位，你的产品的目标消费群体、产品销售的领袖渠道、产品的突破点在哪里？

你是利用核心意见领袖带动消费来引爆流行，还是利用核心渠道推动引爆流行呢？你是利用终端消费拦截引爆流行，还是依靠消费者促销活动引爆流行呢？你是集中氛围打造和消费互动引爆流行，

还是先在一个小区域内引爆市场，然后再辐射到其他区域呢？这些都需要我们根据产品情况、市场情况、竞争情况、渠道情况、资源情况、优势情况，选择匹配自己的操作路径和突破口进行引爆流行。

三、引爆流行的三大法则：环境威力法则、附着力法则、关键人物法则

在这里借用美国作家马尔科姆·格拉德威尔在《引爆点》一书中提出的引爆流行三大法则，帮助我们找到解决产品快速流行起来的办法。

1. 环境威力法则

流行的趋势需要一个发展的温床，当一个环境形成的时候，个人的因素就不重要了。也就是说，流行的东西在很大程度上会受到它们所处的外部环境、发生作用的条件和运转所需的特殊环境的影响。

以前，当一个产品在某个区域市场，被铺天盖地地广而告之，这个产品就容易很快流行起来。如当年的脑白金流行就是利用垃圾时间段的广告占领，创造了自己的快速流行。当一个产品在终端呈现强势陈列与强势的店内外宣传氛围，以及终端促销员的强力推荐与拦截，这个产品就容易快速流行起来。如当年的舒蕾就是利用强势终端拦截，快速创造了流行。

那么，我们在现实市场营销中，如何创造或利用环境的威力？

第一，终端氛围环境威力营造。

（1）**产品陈列**。产品陈列的优劣主要体现在四个层面：

一是陈列位置。一定要选择最能抢夺消费者眼球或最容易引起消费者注意的位置。

二是陈列的产品。对主导的核心产品必须强化陈列的效果与价值力。

三是陈列的数量。普通店按照标准陈列方式，核心店采取大陈列或专柜陈列。

四是陈列的方式。根据产品档次，在货柜或者货架上由高到低的自上而下式陈列，或者摆放一排，价位最高的产品放中间，其他产品依次摆开，陈列面上必须有价格标签。

（2）**堆头陈列**。货卖堆山，在任何时期都是一个比较高效的产品展示方式。如酒的陈列，一般店内堆头陈列最少不要低于10件酒，并辅以标准化物料展示，如大L展板、手提袋陈列、整箱贴等。

（3）**店内广告物料**。如门头、店内外墙体喷绘、展柜、柜台陈列面、柜台装饰品、X展架、海报、吊旗、价格贴（爆炸贴）、吸塑画、条幅、橱窗单透等。

终端氛围营造，要么以数量多、形式多超越对手，要么就要把某种氛围形式做到极致，强有力地冲击消费者的视觉与心理。

第二，城市氛围的环境威力营造。

城市氛围营造就是在消费者的生活中植入产品广告，随处可见，无孔不入。如电视、微信大号、微博大号、电台、户外高炮、楼宇、公交车、候车厅、路牌、道旗、门头、墙体、出租车、海报、核心店、样板区域、样板街等。当然，企业资源都是有限的，可以选择一些相对匹配自己资源的广告方式进行投放。如果资源非常少，就必须选择某一种形式做到极致，以最少的资源获取最大化的影响力与效果。

第三，消费互动的环境威力营造。

（1）**走入终端的消费者互动**。选择人流量大、辐射力强，并且匹配本品销售终端的网点，尤其是餐饮终端，联合终端在店内策划系列消费者促销活动，并把促销信息充分传播出去。如品鉴体验、幸运大抽奖、买就可以参与砸金蛋、买就可以参与其他娱乐活动、买大赠小、买酒赠菜、用餐赠酒、限时赠酒、限桌赠酒（前几桌赠）等。三井小刀酒在区域市场突破时，围绕消费者在许多核心餐饮终端不断做免费品尝、抽奖、砸金蛋等互动推广活动，快速引爆了市场。

（2）**走进广场、社区、农村等路演活动，与消费者互动**。通过路演活动加强与消费者之间的推广互动，主动与他们接触，增加消费者对产品的体验度、参与度，同时取得较好的销售效果。如柔和种子酒的消费者推广活动，无论淡旺季都非常活跃。正因为其市场活跃度高，才成就了它在许多县级、地级市场的王者地位。种子酒经常联合政府部门的文化单位组织一系列的下乡文艺演出、社区活动，同时结合现场买赠、免费品尝、有奖问答、赠送小礼品、惊喜抽大奖等活动项目，吸引消费者的互动参与，加强消费者对品牌、产品的认知。

（3）**走进酒厂的旅游体验**。企业针对重点客户、消费者参观酒厂生产线或企业有特色的经营场所，以旅游的方式使消费者体验到产品或品牌的特征和价值。让消费者亲身感受到酒厂厚重的企业文化，感受到企业对消费者的重视，拉近消费者与企业的距离。这种体验式推广，势必会加强消费者对产品、品牌、企业的认知度，甚至忠诚度，同时消费者也会成为活广告，整个品牌的形象就逐步建立起来。

山东邹平县有一个月河酒厂，面对外来品牌强势进攻及本地两个强势品牌的挤压，在几乎没有生存空间的竞争下，通过不断邀请消费者到酒厂体验消费，坚持不懈地和消费者一起互动，让消费者深刻感受到月河酒厂的酿酒文化与月河酒厂的真诚的亲民企业文化，通过两年时间在当地成为数一数二的品牌，并且得到了当地消费者的拥戴。

（4）**意见领袖的品鉴会**。选择匹配本产品消费的核心消费者，围绕他们定期举办一桌式或两桌式品鉴会，桌数不要超过三桌，这样易于点对点的沟通，易于与核心消费者互动。甚至一场酒下来，大家都会成为亲密的朋友，努力使自己宴请的消费者提高忠诚度，时刻愿意推广、宣传本产品。

三井小刀酒针对区域市场（一般县级市场）开展百名意见领袖的公关工程，每个市场选出100名核心意见领袖，对他们进行公关服务，每月2场品鉴会。经销商、业务经理不仅对意见领袖讲透小刀酒的优势、价值点、企业文化等，还让那些爱喝酒、会喝酒、能喝酒的消费者放开畅饮，拉近彼此的距离。在宴会中还举办小型的抽奖、娱乐等活动，做到有品有位、雅俗共赏，深化了与核心意见领袖的关系。

2. 附着力法则

附着力因素应该是企业推广传播的产品信息或活动内容，与消费者直接相关或者能够让消费更容易被接受、更容易被记忆、更容易产生行动或分享的关键因素。

所以，**附着力 = 关联度 + 实用性 + 合适形式**

关联度：与受众无关的信息没人看，同时也是遴选目标人群。
实用性：越有用的信息越能被人接受，注意"实用"的广泛含义和延伸属性要点。形式：创造的形式或者有趣、好玩的点子是内含信息的最好载体。上述三点要因地制宜，取得更好的效果。

简单来说，就是设计一种愿意付出行动与分享、传播的活动或者嫁接一种既有的已经影响消费者心智的关联性的内容与活动，来驱动目标消费者的消费热潮。

目前，酒类营销中最常见的附着力营销方式，一般表现为三种形式。

第一，利用消费者占便宜的心理创造附着力。

（1）**产品设奖**。产品设奖即在产品的盒内、箱内、瓶盖内设奖，这既是白酒促销常见的消费者拉动方式，又是附着力营销的一种典型应用。具体形式有两个。

一是在产品内放置刮刮卡。卡上列明奖项设置，消费者刮开涂层即可得知是否中奖及中了几等奖，奖项设置常包括酒票、代金券、烟、现金、美元、贵金属制品、精美纪念品、旅游产品、家电等，形式多种多样。

二是产品内直接放置实物。消费者拆开包装即可直接获取，一般投入的奖品有现金，如美元、港币等，金蛋、真金白银等，以及实物奖品，如体彩、打火机、毛巾等。产品内实物投奖主要依靠新颖、有趣的促销品设置或者小额利益刺激，达到驱动消费的目的。

产品设奖要注意利用大奖的引爆和小奖的高中奖率，使消费者持续关注，形成驱动消费热潮的效果。如瓶酒中的老村长与龙江家园在许多市场热销，就是利用产品设奖的附着力营销驱动消费者的消费热潮，打造产品的流行。许多品牌利用消费者对大奖的博彩心理，进行主题式的促销推广，来驱动消费者的消费热潮，如万枚金戒大赠送、千万真金白银大赠送、喝××酒中轿车、万台笔记本电脑大放送、千名"新、马、泰"五日游、"喝××酒，万部iPhone5S中不停"等。

（2）**买赠**。买赠促销在消费者促销中属于最常用的促销活动形式。具体形式有两个。

一是赠本品。也就是买一赠一、买二赠一、集盖赠酒等。如四川泸州醇酒业发生过这样的现象：由于前期整体运作不到位，家乐福等大型商超渠道走货量很小，被迫清场。公司领导果断采取措施，在清场前期开展买一赠一（同类产品）活动。结果令厂家吃惊，效果出奇的好，产品迅速上量。

二是赠礼品。消费者购买产品后赠送优惠券，赠日常生活用品、小酒、香烟，餐饮店的买酒赠菜，婚宴用酒买一定数量送婚车、花轿、冰箱、彩电等，升学宴用酒赠手机、电脑、行李箱、机（火车）票等。

第二，利用消费者的娱乐性、互动性创造附着力。

（1）**参与有奖**。利用当地微信大号、微博大号、企业自身微信公众号进行消费者促销活动策划、宣传。只要转发活动信息者，均可获取免费品尝酒××；只要与本产品活动海报合影，并转发朋友圈均可获取礼品或免费品尝酒；只要消费本品并转发朋友圈均可获取××礼品，或餐饮券，或免费品尝酒等。

（2）**幸运抽奖**。抽奖促销就是利用公众消费过程中的侥幸博彩娱乐心理，设置中奖机会，利用抽奖的形式吸引消费者购买产品。厂家或经销商统一制作抽奖卡，放在抽奖箱内，或者利用计算机软件进行现场抽奖，目的是在终端售点开展现场促销活动，诱导消费者即兴购买和消费并现场兑现奖品的一种方式。

抽奖促销的形式，常见的有一次抽奖、多次抽奖、答题式抽奖、游戏式抽奖、连动抽奖等。山庄老酒在石家庄市场开展的砸金蛋活动，将非常6+1砸金蛋活动搬进酒店，引发消费者的参与热潮。

某企业与市内一家酒店合作，每隔一周就举办"每消费100元获得一次抽奖机会，特等奖为'餐费免单'"的现场抽奖促销秀。连做一个月，不仅该酒店客人火爆，还引起其他酒店的关注，并主动要求进货做促销。

(3) **连环奖励**。连环奖励的促销形式是指在单次购买或单瓶产品有奖的基础上额外通过累计的方式促使消费者反复多次购买。其活动方式有三个。

一是空瓶换酒。即集满一定数额的空瓶或空盒，可以兑换一瓶原品或其他指定奖品，而且累计一定数量后，还能获取一定数量的礼品。

二是集齐指定数量或指定类型的卡片（卡片本身也有奖项设置）即可兑换礼品或原品。如世界杯期间投放有国家名称的奖卡、冠军国奖卡可以兑换奖品，同时集齐32个国家名称可以再兑换奖品。

三是购买产品能够中奖或有奖，集齐一定标志性的物件还有惊喜大奖。某品牌在石家庄推出了"18悬赏"促销活动。"18悬赏"采取了"买赠+抽大奖"形式，包括两重喜：一重喜，买就送，人人都有赏；二重喜，解密中大奖。充分利用人们的贪心与好奇心，活动的参与性与互动性达到了空前的高度，一举使产品流行、畅销。

第三，制造或利用热点事件影响力创造附着力。

一个品牌或产品在发展初始阶段，应当制造或利用热点事件进行引爆流行，或者注入主题性、爆炸式的推广概念，并持续坚持下去，将其塑造为"流行性热点话题"，提高消费者的消费热情。因为无论是消费者、经销商还是媒体，都会对热点的东西产生高度的关注，有利于口碑传播，推动品牌越来越热，形成良性消费循环。如小刀酒的粉丝见面会、江小白的同城约酒、金六福幸福大篷车等。

3. 关键人物法则

流行趋势总是依靠人作为载体。关键人物主要是指那些对于产品的销售或消费能够起到推广、引领带动的人物，包括领袖型终端负责人、意见领袖消费者、领袖型业务人员。在引爆流行的过程中，三者都很重要，对产品的流行有关键性的推荐、引领的价值。

（1）**领袖型终端负责人**。对于新产品或还没有流行起来的产品，首先解决的不是有人买的问题，而是解决有人愿意主动卖的问题，解决产品能够让哪些领袖型终端的主要负责人主动推荐的问题。

领袖型终端是指那些新产品推荐能力强、规模较大、经营时间较长、消费常客多，对其他终端及消费者有影响力的终端。领袖型终端负责人主要指终端的老板、老板娘或经理级的说话有分量、有权威、有一定影响与作用的人，而不是推销为主的导购或服务员。

对于还没有畅销的产品，首先必须通过对领袖型终端的建设，充分发挥其产品推荐的积极性。形成快速动销与流动，打造示范效应，树立产品消费影响力及其他跟随型终端的信心，以点带面，拉动其他终端销售。

所以，若想让产品快速动销与流行，其中很关键的一步就是要把那些既能引导消费，又能够稳定价格的领袖型终端找出来。聚焦资源、重点进攻，依靠这些领袖型终端的推荐让产品快速流通起来。

（2）**意见领袖消费者**。酒是被喝起来的，酒先是被一小部分人带着喝，随后大部分人跟随，最后流行起来。这小部分人就是我们常说的意见消费领袖或种子消费者。在他们的带领下，让产品先在他们的小圈子中流行，最终影响更大的圈子，从而引发潮流。

意见领袖需要满足以下五个条件：

一是他本身是你的目标消费者。

二是他具备一定的人脉资源。

三是他在某个圈子或领域内具有一定的话语权与影响力。

四是他的身份与你的产品相匹配。

五是他喜欢或愿意传播推广认可的东西或产品的内在价值。

（3）**领袖型业务人员**。领袖型业务人员具备强大的市场操作能力或者产品营销能力。在他们负责的区域内无论是领袖型终端的教育与掌控，还是意见领袖型消费者的挖掘与推广，都能根据产品的定位，进行高效匹配的选择与操作，产品铺货率、生动化、消费者互动等基础工作更不在话下。所以，在他们负责的区域，产品的动销或流行能够成为一种标杆或榜样，能够影响其他区域的动销与流行。

对于领袖型业务人员，我们在区域或市场选择分配上，一般要从战略上考虑，把他们派往具备引领作用的区域或市场上，让他们的成功快速影响与带动其他区域的成功，形成燎原之势。

第三节　消费的链接

动销的前因是消费，消费的前因是需求，需求的前因是价值，也就是消费者需求的解决方案。

驱动消费的方式有强迫式消费与诱导式消费。无论采取哪种驱动方式，最终的落地点一定聚焦到消费者价值的实现上。否则，产品的动销、畅销、长销都是空谈。

一、消费者的需求并非仅仅是产品本身，还是消费价值链上的解决方案

在同质化竞争时代，消费价值的实现有时并非体现在产品本身，而是体现在整个消费价值链的链接上。让产品在和消费者链接的过程中，创造一种场景价值、利益价值、服务价值等方面的解决方案。

消费者需求的价值或解决方案，消费者自己并没有显性的发现，企业要做的就是帮助消费者发现这些需求的价值。消费者在需求方面给予的答案，往往是简单的。当我们去调研、了解他们时，他们会说再便宜些、再好些、再优惠些、再有面子些等。消费者的答案往往都是通过固有产品比较出来的，他们被原先的产品（市场上已存在的产品所提供的价值）限制了，会要求你提供更多的他们已知的价值。

面对此情况，营销者应站在消费者整个消费价值链的视角上，不仅要观察和思考消费者对产品本身的需求，还要观察与了解他们在整个消费价值上附加价值的需求。在整个消费价值链上寻找到除产品本身以外的价值，来创造更有效、更多的、更有价值的消费链接解决方案。

在全球马戏表演行业衰落，面临电影、电视竞争的情况下，加拿大的太阳马戏团却取得了极大的成功。成功的原因不是通过重组马戏演出的技术与知识，从而提供更好的马戏，而是重构买方价值元素创造了一种新的娱乐形式，同时具有马戏和戏剧的吸引力，从而吸引那些光顾戏院、歌剧院和观赏芭蕾舞的客户。

二、消费价值链上的消费链接是共享共赢的思维，绝非一种简单的交易思维

这是一个资源相对盈余又相对短缺的时代。意思是说，一种资源对于一个组织或企业来说相对盈余，但对于另一个组织或者企业却是没有或者处于紧缺的状态。如何嫁接这种资源，打通彼此间的消费价值链的链接？

这种链接一定基于用户思维而非简单的商业思维，甚至是水平思维模型而非执着垂直思维模型，来打通消费的链接，提供更多的消费解决方案或附加利益价值点，彼此间共享共赢，开创新的销售增长点或者产品动销的突破口。

神奇的"顺和万通卡"

山东顺和酒行是山东酒行业第一家成功上市的企业。在行业不乐观的环境下，敢于逆势扩张的酒类连锁企业并不多，因为大家都面临着盈利模式与消费萎缩的问题。

在2013年以前，酒类连锁门店的作用更多地在于形象展示，利润主要来自看不见的团购。限制"三公消费"的政策一落地，团购销量便应声下跌。没了团购，哪里去寻找销量？

面对行业环境的变迁，顺和酒业董事长马龙刚开始寻找商超、烟酒店、餐饮店等传统渠道以外的资源。这些资源看似和酒行业关系不大，如健身会馆、汽车4S店、高尔夫俱乐部等会员制的服务机构。马龙刚认为，"这些正是我的目标消费群体聚集的地方"，并将这些场所视为白酒目标消费群体的"生活圈"。

一次偶然的机会，马龙刚发现可以通过资源交换的方式切入这个生活圈。当时，他受朋友邀请到一家健身会馆打球，结识了会馆的老板。得知这个会馆只向会员开放后，他向老板提出一项诱人的建议："我给你带来100个新会员怎么样？"

最终的结果是，健身会馆给马龙刚100张价值1000元的印上"顺和酒行"的会员卡，并在健身会馆提供场地作为顺和酒行的形象展示柜台。马龙刚则给健身会馆100箱，每箱价值1200元的酒水，供他们作为会员礼品或招待使用。

消费链接的路径打开了。这次的合作让马龙刚尝到了甜头：健身会馆的会员卡可以拿来回馈顺和酒业会员，馆内的展示柜还能带动一些酒水销售。会馆也得到实惠：100个新会员及他们转介绍来的朋友正好都是会馆的目标人群，而用酒水作为礼品招揽其他新会员的效果也不错。

用类似的方式，马龙刚还植入汽车4S店的车友会活动、房地产公司的客户答谢会、高尔夫俱乐部……在一次次的地面活动中，扩大了与目标消费者链接的路径，顺和酒行获得了更多与目标消费者直接交流、沟通的机会，自己的会员数量也随之增长。

为了更加紧密、更加方便、更加有益于自己的消费群体，顺和酒行借用顺和酒行母公司其他产业的资源，打造了顺和万通卡，并打通山东高速ETC支持功能，使"顺和万通卡"成为一张集店面支付、顺和酒行会员及山东高速ETC功能于一身的多功能金融卡。

这种资源的相互嫁接与互利,不但让合作的双方都能创造新的增长点,而且彼此都能创造新的价值输出点。更可贵的是,同时创造了新的消费链接,使目标群体得到了更多的利益价值并紧密地链接到一起。

三、消费的链接要利用对方资源盈余点或溢价力不强,而对自己又是溢价力很强的资源点,才能真正实现持续的合作

消费的链接,首先是目标消费群体共融性。通过提供新的价值解决方案,为对方发现利益创造点,找到双方利益的嫁接点,资源置换,双方获利,然后资源再利用,无限链接。其中,最关键的是站在对方角度,帮助对方挖掘利益点。

与协会社群之间的消费链接

协会既有地方性的协会,如浙江商会、福建商会等,也有行业性协会,如纺织协会、不锈钢协会、乒乓球协会、摄影协会等,为了某种共同价值或共同理念而形成的社会型组织,某些有着庞大的人脉资源与向心力,以及引导价值。每个城市都有这种组织,而且为数不少,就看我们如何嫁接资源,与它们展开合作。

一般来说,寻找当地有影响的、行业效益好的协会合作,如江苏今世缘的某经销商与某协会之间的合作。

首先,通过与协会领导沟通,了解到该协会大约有200个会员,每年缴纳会费平均为20000元,每年都有以下免费活动:参加一次广州交易会，人均消费约为7300元。其中，机票（往返）2500元、住宿（四晚）2800元、餐费（四天半）2000元。每年召开四次协会的交流沟通联谊会，人均消费约为1600元。其中，餐费200元（2000元/桌）、酒水200元（500元/瓶），合计400×4＝1600元。

然后，找到双方的嫁接点，并站在对方的立场，满足对方需求，并为对方创造更多溢价价值的回报。具体合作方式如下：

说服协会组织，将会员会费缴纳给经销商，经销商满足协会计划内需求。如提供每年一次广州交易会的费用（该费用从厂方购酒送旅游活动中报支，不够部分自己贴），提供每年召开四次联谊协会的餐费、酒水费用（该费用在酒厂高端客户品鉴会中报支），每人提供2万元的酒（有一定的利润空间），提供协会所教会费的10%，作为协会的日常费用。

通过合作，不仅紧密捆绑在一起，而且真正达到三方共赢的目的。对协会会员来说，没有减少活动项目，没有多缴一分钱，白得了2万元的酒水（零售价）；对协会来说，该协会组织成为经销商的大宗团购客户，给予销售返利约40万元，解决了协会日常开支问题；对经销商来说，一次就销售了约400万元的酒（有一定的利润），扩大了品牌影响力，对所送会员的酒，会员有二次、三次甚至多次消费的可能，形成了消费的链接。

所以，消费价值的链接关键在于参与其中的任何一方都必须获得超越预期的价值利益或额外的剩余价值利益。一旦任何一方不满意或平衡被打破，这种链接的价值点便被破坏掉，影响产品的销售和口碑。

四、基于消费价值链的合作路径与步骤，各种有消费能力的商业组织、民间组织均可实现资源整合的价值链共赢互利

对于消费价值链链接，我们必须深刻挖掘能够合作的群体是谁、在哪里、合作的基点是什。

根据酒类营销路径，一般可从三个方向上寻找消费价值链链接的对象：

一是从传统渠道中寻找依托消费价值链合作的基点：酒店、烟酒店、商超等。

二是从异业组织中寻找跨界联合的基点：旅游公司、KTV、健身俱乐部、加油站、移动公司等。

三是从非营利性组织中，寻找消费价值链上的合作基点：协会、商会、俱乐部、车友会、摄影协会、社区活动中心、读书会、书画协会等。

社区卖酒

一般较高档社区都会建立住户档案，对住户的基本信息非常了解。而且社区的相关领导和管理员每天为居民做服务，对社区居民的相关情况有更深的了解，他们是获得婚宴客户线索的关键人物。具体行动如下：

（1）利用关系找到关键人：通过朋友介绍，联系社区的领导。

（2）提出赞助活动建议：社区老干部联谊会，邀请社区领导、管理员、居民中的退休老干部及平时积极参与社区活动的大爷、大妈一起参与。

（3）组织联谊活动：包下社区周边饭店中的一个小厅，一共四桌，提前用印有产品形象和广告语的条幅、桌牌及展架对场地进行布置。在用餐期间，安排区域经理登记到场的每个人的联系方式，并安排了三次抽奖活动，与社区领导和居民进行互动，拉近感情。在联谊会结束后，赠送每人两瓶品鉴酒，完全按照团购品鉴的标准组织。

（4）电话回访品质：联谊会结束后，让区域经理逐个给前一天到场的社区居民打电话，询问饮酒后的反应和评价。

（5）销售顾问邀约：更重要的是说服他们成为产品的"销售顾问"。给出的条件是：只要成为团购顾问，每月发放500元的顾问费，没有任务压力，只需要每月向我们提供有效的婚寿宴需求信息。

（6）销售奖励：对于提供酒水信息并成功交易的，每瓶再给予一定的奖励（是按当地二批商奖励政策的一半给付的）。

结果，我们第一天就招到了两个顾问。他们当中一位是退休老干部，热衷组织社区活动；一位则是非常热情、开朗的广场舞大妈，对社区的居民情况比较了解，谁家娶儿媳妇、谁家嫁女儿、谁家老人过大寿她都知道。这也是我们选择销售顾问的标准。

（7）顾问培训：在选定顾问之后，我们就对他们进行了培训，详细地介绍了产品的品质、品牌优势及相关的推荐话术。同时向他们传递了优惠信息：一方面，他们所推荐的酒是以市场上优惠价格供应的，确保不高于市场成交价（如高于则贴补差价），解除他们的顾虑；另一方面，如向亲友介绍该产品，酒厂将给予一定的奖励（每一瓶奖励多少钱或销售多少瓶就可以参加酒厂组织的旅游活动等）。

(8) 氛围营造与终端建设：

在社区人员密集的小区健身活动区、小区广场张贴品牌的宣传海报、灯箱及条幅。这需要社区领导同意才行。

为社区跳广场舞的大妈、大伯提供印有酒品牌的运动服装，从而宣传该品牌酒水。这只需与广场舞中的"意见领袖"沟通好即可。

在社区门口布置摊位，悬挂宣传该产品的广告画并摆放实体品鉴酒。只要消费者扫二维码关注公司的微信号或者留下联系方式就可以获得一个小瓶的品鉴酒。如果转发指定微信内容集齐30个"？"，即可领取一个大瓶的品鉴酒。

在小区内、小区门口、小区周边建立销售点。为了营造氛围，更为了消费者能够便利购买，在小区内外的综合便利店、小型商超、烟酒店、餐饮店都要铺货。

(9) 四个活动的同步展开，让品牌在该社区的知名度迅速提升。一个月之后，老干部帮助我们卖了12箱酒，大妈卖了30多箱酒，我们分别奖励了他们1700元、3500元。大妈还动员亲属帮助她卖酒。

(10) 效果分析：

对社区来说，我们举办的联谊会及各种销售活动，给社区生活增添了活力，丰富了居民的文化生活。

对销售顾问来说，在零投入的前提下，利用自己的优势，轻轻松松地就获得了可观的经济收入。

对公司来说，找到了新的"意见领袖"，而且这些"意见领袖"非常亲民，对亲戚、邻居的影响力很大，客户转化率非常高。不仅公司增加了销售额，而且扩大了品牌对消费者的影响力，这就为社区居民进行重复消费奠定了基础。

酒店婚宴

(1) 锁定重要节日（吉日），与酒店深度合作。

第一步，甄选合适的酒店（具有50桌以上规模的酒店）7家。

第二步，与酒店老板沟通合作方案。

算账：要得到老板的认可，首先要让他感到有利可图。每月平均20场婚喜宴（含白天、晚上）；每场平均60桌，每桌平均用一瓶酒；每瓶平均40元利润；20场×60桌×40元×12个月＝576000元。如果每桌用两瓶酒，每年的利润就是1152000元。这些都是在不增加额外投入的前提下获取的纯利润。

操作方式：通过与老板的沟通，确定与客户交流的方式。

第三步，制定心动的销售政策。

合作酒店享受烟酒店、二批商的优惠政策；将合作酒店申请为授牌客户；给予合作酒店一定额度的样品陈列费用。

效果分析：通过与酒店的合作，三方共赢。

酒店方面：在没有增加成本的前提下，每年多增加几十万至几百万元的利润；酒的进货价格较前期更加优惠；增加了出样的费用；加深了与客户之间的感情，提高了人气。

客户方面：买到物有所值的优惠商品且不用进货、退货。

经销商方面：成功得到业务，获得一定的利润；产生了广告效应；加强了与酒店的进一步合作的基础。

(2) 联合婚庆公司，买断酒店舞台经营权。

第一步，甄选酒店与婚庆公司。酒店宴会厅超过50桌的，在当地婚庆公司有影响的前三名。

第二步，沟通合作方案。

算账：以前一般是免费提供舞台，现在通过合同形式，租赁给有实力的酒水公司，得到较为可观的经济效益。一般年租金为5万~30万元（不增加成本的利润）；婚庆公司通过合作，保证了合理的利润。

操作方式：通过与婚庆公司的合作（合股），共同买断大酒店办婚宴用的舞台（7家），客户要想在这7家有档次、有规模的酒店办喜宴，只有与我们合作，别无选择地使用我们的酒。

第三步，优惠的销售政策。

效果分析：通过与酒店、婚庆公司的合作，三方共赢。

酒店方面：在不增加成本的前提下，增加了一个稳定的收入途径。

婚庆公司：在激烈的竞争中，找到了一个相对稳定的业务之源，利润也较为可观。

酒业公司：买断酒店舞台，基本垄断了当地有规模的酒店，从而也锁定了该酒店的婚庆用酒及婚庆业务。成功得到业务，获得一定的利润。与婚庆公司的合作还能带来其他层面上的酒水业务。

（备注：书中部分案例来自陆兴武老师的部分演讲案例。）

第四节　社群营销

中国白酒黄金十年流行两个盘中盘：一个是终端盘中盘，另一个是消费者盘中盘。这两个盘中盘的确创造了中国酒业的神话，但这两种模式依然是深度分销时代的产物，讲究的是消费者拦截，拼的是厂商资源与厂商间的利益关系的分配，并没有建立起以消费者为导向的关系营销。

终端盘中盘为了拦截消费者，各品牌对餐饮终端的疯狂买店、促销行为，促使终端营销费用越来越高，最终企业与经销商不堪重负，不断加价给消费者，消费者转而自带酒水。

消费者盘中盘是公关政务核心人物消费带动商务消费再引领大众消费的驱动模式，但因政府出台了"限制三公"的政令，于是政务主导下的核心关键人物淡出，政商招待场景减少，导致公关团购模式的价值降低。

于是，白酒行业急需寻找或创造一个新的模式来迭代即将逝去的模式。

一、拆字解析社群本质

模式永远是时代的产物，一个新时代到来，一定会出现与时代相匹配的营销模式。移动互联网时代的到来，为中国白酒行业创造新的模式带来了新的突破口，那就是社群营销。

社群并非现在才有，自人类出现时就已产生，只是移动互联网时代让社群更为突出。

社：以崇拜、神圣之心向土地神表示/展示/供奉自己之心意，以求获得保佑/赐福的时间+空间+形式。

礻：是汉字的偏旁，是由"示"变形而来，音同"示"。把事物拿出来或指出来使别人知道，表示、展示、分享，古代指针对神，用崇拜、神圣之心向神表示、展示、供奉。

土：是土地神，供奉土地神，祈福环境的风调雨顺、生活的幸福安康。今指环境、土壤、空间、氛围等。

群："君"与"羊"联合起来表示，"有人治理、管事、主事的地方""有人治理、管事、主事的人民团体"。

君：从尹，从口。"尹"表示治事；"口"表示发布命令。"君"本义为"管事人""干事"，引申义为"地方主事人"。

羊：本义是指羊群、兽群。羴：羊，取人人意，指某一地方的居民；君领人人成。

社群：在有人管理、治理、带领下的一群人，在固定的时间、空间（地点）用仪式向心中的"神"，共同出力出贡，来表示、展示、献上自己的贡奉，以求愿望得以实现。

二、社群形成四同核心及演化

古代群的形成，是源于自然性，捕猎或抵抗比自己凶猛的动物，而聚合到一起，目的只有一个——吃得饱，避免被伤害。有共同利益慢慢演化成有共同信仰和共同利益，能共同奋斗的有组织、有管理的部落群族。

所谓四同，即同利、同好、同力、同道。

同利：物质利益、精神利益双重需要。任何人加入一个组织或团体时，都一定是为了某种利益。不要说自己没有这样的心态，无论单一物质利益或精神利益的获得，甚至物质与精神双重利益的获得，都是一个人加入一个组织或团体的初衷。

同力：出力、出钱、出智慧。无论你想获取什么利益，都必须有力的出力、有钱的出钱、有智慧的出智慧、有能力的出能力。

同好：愿意、喜欢、爱好、兴趣。想获得就必须付出，要继续下去就要内心真的愿意参与，甚至喜欢参与，或者有这样的兴趣爱好而愿意、喜欢参与进来。

同道：相信、信仰、价值观。同道中人，初始阶段并非志同道合，而要先相信能够实现什么，发展到信仰这个组织的精神，最后形成共同的价值观。

所以，现在社群形成有三种方式。

第一种形成方式：共同利益驱动下的同道中人的聚合。

（1）出于某种利益或需求（物质或精神）的希望。

（2）相信能够实现或获得自己的需求。

（3）愿意或喜欢参与其中。

（4）大家共同出力、出钱、出智慧、出资源。

（5）最后形成有着共同价值观的互利群体。

第二种形成方式：共同爱好或价值观驱动下的同道中人的聚合。

（1）为了某种信仰、爱好。

（2）大家走到一起。

（3）共同付出。

（4）实现互利。

第三种形成方式：因某种利益（精神利益）或关系而聚合到一起的人。如地缘（老乡、社区等）、亲缘（家族）、关系缘（同学、同事、朋友等）。

三、社群的四个分类，找到可以发展的社群

根据社群形成的三种方式，可把社群分为四种类型。

（1）信仰群：信仰群相对稀缺，一般像宗教、党派军队、粉丝偶像属于这个群。

（2）兴趣群：有着共同的兴趣、爱好、专业特长，如读书、运动、炒股、车友、钓鱼、书法、绘画、收藏、旅游、广场舞等社群。

（3）商业群：又分两种，一种是品牌产品群，以产品带来的利益为纽带形成的社群；另一种是商业协会群，以行业中某些需求为切入点建立民间社团组织或社群。

（4）友缘群：主要指亲朋好友、同学、同事、老乡、邻居等地缘、血缘、关系缘而形成的社群。

四、玩转社群，深度理解三个基本属性

玩好社群必须要有生态思维，一切行为首先以利他为基本原则。

1. 喜互动

为什么红包多、重干货，有事没事做些互动、活动的社群，生命力很强？线上线下的社交内容与社交活动，如在群里互动，参与者不仅给红包，还组织转发照片有奖、积多少个赞还有奖等活动。

2. 重利他

支持利他性，若想得之，必先予之。社群中最具杀伤力的武器，莫过于"红包+干货"。教人怎么赚钱，教他们最关心的事情，能够得到最想要的东西。

3. 反推销

反对以自我为主体，硬邦邦、冷冰冰、强迫式的推销。你的所作所为，让别人感觉不错、让别人得到好处、让别人喜欢、让别人信任、让别人看见有价值，这样才能使销售找到入口，才能使他们

的自身资源及背后资源被你整合，否则你永远徘徊在山门之外，找不到入口。

一位经销商大姐，在半年前进入几个本地的社群（摄影群、羽毛球群、钓鱼群），天天抽时间和大家聊天，经常发表一些看法与内容，经常提出一些问题，积极参与社群组织的活动，还主动为大家张罗许多事情，积极承担群里规划的一些事情与赞助，获得群里很多人的认可与信任。后来大家知道她卖酒，许多人成了她的核心大客户，还推荐朋友成为她的客户。

一个烟酒店老板，生意一直做得不错。他说："主要有两个原因。第一个原因是我拿到了一些我可以做，但是别人不做的产品，但是这个产品有品牌。第二个原因是原来卖酒主要靠关系，跟政府领导搞好关系，让他们帮我带动，这几年已经不行了。我加入了几个钓鱼群，为了把钓鱼群做好，我让舅舅在农村专门包了一片河面养鱼，没事儿就带着他们在我舅舅家钓鱼，然后吃农家菜，走的时候一人带两只老母鸡。

五、任何组织都离不开具备影响力的领袖人物，社群也不例外

一个产品的消费或品牌的成功，源于两个驱动力量：一个是信任感，另一个是归属感。信任感解决消费尝试问题，归属感解决持续消费问题。传统营销采取广告告知解决信任问题，社群营销则是通过活动参与或成员间口碑传播解决信任问题。当下的社会，由于唯利是图、唯利不仁导致社会信任透支，大家正生活在信任危机中，社群成了解决信任的一个有效途径。因为社群成员是由朋友或朋友

的朋友构成，彼此之间有着千丝万缕的关系，而线下社交活动让大家不但相知而且相识，信任背书在社群中是非常强大的，甚至会产生蜂群效应。所谓蜂群效应，就是一群马蜂，你招惹了其中一只，所有的马蜂都会来蛰你。

社群既然是一种群体状态，就必然是一种组织，无论是自组织社群还是他组织社群，是组织就必然存在领袖式或领导式人物，以及相对活跃的组织成员，这样的成员就是社群中的意见领袖人物。这个社群的意见领袖说一件事情，他的影响力会很大，蜂群效应会放大。因为他本身就有蜂群效应，在这个过程中又有一个有信任背书的人传递一个信息，这对营销非常关键。

社群中意见领袖人物，即群主/运营者＋权威人士＋活跃人士。玩社群，要么你是意见领袖人物，要么搞定意见领袖人物。

六、社群营销两种方式：混群与自建

社群为酒业营销人接触这些意见领袖创新了一个途径，这个途径同时又分为两种方式：一种是混群营销，犹如过去我们在酒店找到消费群，到团购单位登门拜访，搞定烟酒店核心消费者的道理，利用别人的渠道推广销售；另一种是自建社群，犹如传统营销中的自己开连锁烟酒店或酒店，自己建立销售推广渠道。

七、混群营销的六个秘诀与三大注意

社群营销最简单的路径就是混到别人的群里，和他们建立关系，形成最后的商业利益。在此就如何有效混群给大家总结了六个诀窍、三大注意。

1. 六个秘诀

（1）**定位好角色**。进入一个群的时候，弄清自己的定位是第一步。在这里，你想得到什么、你要扮演什么角色、你要付出什么，这三个问题的实质是：目的、定位和行动方案。想明白这三个问题，是混社群的起点。

（2）**找到目标群**。进入一个目标消费群体比较集中或者有潜力的社群，才是有价值的社群。当前，社群形形色色，如公益群、终端老板群、车贴群、读书群、创业群、钓鱼群、慢跑群、骑行群、乒乓球群、羽毛球群、游泳群、摄影群等。无论什么群，一定要以社交人占有率为标准，以此来衡量这个群的价值和潜力。社交人占有率越高，这个社群的价值就越大。社交人可以是生意人，也可以是企业销售者，经常混迹酒场者，但社交应酬的频次高、用酒量大、背后的关系网相对完善的人，能够产生影响的人，才能够匹配你的产品消费或使产品匹配他们。

（3）**拿到通行证**。进入一个社群之后，要搞定群主，围绕群主、群管的喜好来布局自己的行为。如果没有思考这个问题，弄不清群主、群管是谁，一些言行可能会触犯群规，面临被剔除的风险。基于当下大部分社群的运营深度，社群的群主、群管及专业前辈、高手是社群的决定性力量，他们的心情和群规很重要。所以，俘获了他们的芳心等同于拿到了混群的通行证，之后再实施我们在社群中的生存计划。

（4）**创造存在感**。怎么让大家注意你、认可你、对你感兴趣、信任你。

一是根据群需求的价值，在群中不断地输出和创造价值。

二是发红包，经常总结或转发一些与社群核心思想相关的内容，提高社群的活跃度，进行感情投入。

三是千万不要做一些无谓的广告刷屏和签到。

四是有什么好事、好处和大家一起分享，乐于帮助大家。

五是经常和他们一起活动，参与话题，分享你的盈余资源。

六是成为意见领袖人物。

当他们知道你是做酒的，他想要酒的时候，或者身边朋友要酒的时候就可能跟你要。

（5）**多参与互动**。要多参与活动，更要制造互动，不过在制造互动时还要有所注意。

一是组织活动，大的活动需要联合群主和意见领袖。

二是自己制造一些线上线下简单活动，只要和群主招呼一声就行了，当然要和群主、群管、意见领袖搞好关系。

比如抢红包最佳手气者可以获得一瓶原浆酒，转发喝酒现场到朋友圈或截图发到群里可以再获得一瓶酒。对于群里的游戏活动，为群主赞助奖品。线下的一些活动，可以转移到线上，也可以把线下的活动信息告知他们。有仪式感的群，都有自己定期的活动，利用他们进行推广传播。活动是让社群中的目标资源浮出水面，通过线下互动，增强彼此间的情感，聊十次天不如喝一次酒。

（6）**让资源变现**。社群的每一个成员都可能是传播的出口，更可能是消费的入口。

混迹社群，我为人人，人人才会为我。你身边拥有的闲置资源恰恰可能就是别人需要的资源，你给别人带来有用的资源，别人也会给你带来变现的资源。同时，因为社群成员的消费与传播，也会影响到他们身边的朋友进行消费。

混迹吃友团

第一步：认识一个吃友团的人，然后被拉到他们的群里。

第二步：发现群里最有影响力的人是当地广播电台介绍美食的主持人（一些餐饮店老板也在里面）。

第三步：经常发红包，结合自己发现的特色菜，在里面发一些照片（因为有些店没有进去，所以其他老板看到会@他，问他一些事情）。

第四步：和KOL主持人沟通去聚餐时，自己可以赞助酒。同时，计划在他们电台投放广告，得到主持人的大力支持与推广。

第五步：社群每次聚餐不仅拍菜的照片，还拍喝酒的照片，在微信群、朋友圈、微博上大力转发。其实在吃喝的过程中，许多老板、厨师都成了自己的朋友，也参与喝自己卖的酒。

第六步：许多酒店老板也在群里，有的会主动邀约；不主动@他说话，他会私信和别人聊。

第七步：联合电台举办大型活动，一次是"最美老板娘"活动，一次是"你是厨神亮一手"活动。

通过这些活动，产品由原来进不去店、进了店卖不动，到后来大家主动要求进店，卖得还不错。

2. 三大注意

（1）组织：成立社群公关组织，此组织可以称之为新电商团购部，也可以是既有团购部延伸出的社群业务。

（2）分工：从事社群业务的成员，根据社群性质，选择社群时必须有着这样的爱好，或者拥有这个能力，或者愿意学习提升这项能力进行人员分工，犹如传统团购中区域划分或业务单元划分。

（3）**资源与能力**：有匹配资源提供社群业务人员从事社群营销推广活动，以及培训他们专业混群的能力、技巧。红包驱动技巧：爱心红包、求助红包、求转红包、整点红包，什么时间点、什么时机发等；资源分享技巧：群内成员有活动、群内活动的赞助、公司组织的活动邀请群成员参与、为群主提供活动福利资源（球迷见面会门票、演唱会门票、酒会入场券、培训学习名额等）。

一个白酒经销商进入了一个小微企业成长群，这个群里的成员经常沟通的话题，要么是融资问题，要么是员工管理问题，要么是营销创新问题，而且经常线下小聚，他发现这是产生团购销售很不错的突破口。于是，他经常在群里发一些专家的文章和观点，以及在讨论问题时发表自己的看法，还经常发红包制造气氛，引起了大家的注意与兴趣，也得到了群主的关注，不少老板还私人约他聊天。更聪明的是，他联合群主与当地读书社群开展合作，每两个月开一次课，每次两天。根据多数人的需求出课题，决定时间、地点、学员。在小微企业老板群发起这样的活动，这是他们非常关心、非常需要的。因为大家知道他是做酒的，自然从他那里团购酒。每到中秋和春节，社群组织一次联欢会式的订货会，效果也很不错。

八、自建社群需要具备的三大基本能力

（1）**专业能力**。专业代表对垂直行业或爱好（如运动、摄影、钓鱼等）非常专业、权威。你有什么专业能力，或者你能联合到具有什么能力的人，就做什么样的社群，专业能力代表你的价值输出能力，没有价值输出的社群往往是毫无生命力的社群。如果你擅长摄影，你可以组建摄影群；如果你擅长钓鱼，你可以组织钓鱼群；如果你什么专长也没有，你最好混到别人群里做一个资源搬运者或者整合者。

（2）**管理能力**。管理代表能够很好地协调与控制社群的结构。社群有科学的组织结构，除群主外，还有群管、小秘书、意见领袖人物、领袖助理、编辑等不同角色、不同工作。虽然社群是因共同价值、爱好走到一起，但这些组织内的人是付酬劳的，即时酬劳（工资）或未来酬劳（分红）。如果不具备这种完善的或者说有能力的团队，社群想成功运营则非常困难。

（3）**人格魅力**。社群创始人或社群领袖人物的影响力，他们的情怀与精神，能够吸引一些人。

九、自建社群必须明白的九个关键

（1）**使命感：为何而聚？**

一个群体和一个组织最大的区别就是一个组织具有共同的目标。而"共同的清晰目标"是凝聚人的最大力量。比如，一个小区的大妈也能凝聚一批人，练习广场舞，备战广场舞大赛；一个摄影爱好者凝聚一些人，发起"寻找青山绿水"活动，希望能减少环境污染。

我们之所以凝聚在一起，不是为了沟通、交流或吹牛，而是为了一起改变些什么、提高些什么、获得些什么。

（2）**仪式感：行为仪式化。**

凝聚一群人做一件事，除了要有清晰的使命，还需要固定的仪式感。如基督教有礼拜日、民族有节日、夫妻有纪念日、小米有橙色星期五（发布最新 MIUI）等，总之都有固定的仪式化行为。

社群也一样，要有仪式感。

仪式感可以通过吉祥物、旗帜、手势、流行口号、节日、入群仪式等打造。如果你对社群的安排只是推送红包优惠，一起聊某个话题，然后偶尔邀请人进群分享，偶尔组织大家出去活动，而社群的成员根本不知道自己的口号，不知道自己某个场景下的手势、动作，不知道自己应该做什么，无法形成固定的参与习惯，更无法对下次的活动产生预期。如果把社群的活动仪式化，每次以固定的方式做类似的事情，就会逐步提高参与度，并让成员养成习惯。

(3) **归属感：迅速反馈是一种重视、幸福、归属。**

迅速反馈能够驱动社群成员对社群的参与感和依赖性。对有价值的内容或建议，进行鼓励、支持、奖赏等。

(4) **活跃度：有活跃度才有生命力。**

活跃度是社群最大的问题，筛选前期的群体一定是活跃度非常高的人。同时管理者负责活跃气氛和制造话题、设计游戏。如果一个群里面缺少了定期的专业话题制造或游戏互动，久而久之，群友也因为缺失参与感而流失。还要有非管理员的托来一起制造话题或游戏。其实很多人都是在潜水，但是这些人一直在关注，而且这些人占60%。同时要善于发现群里面的意见领袖，让他们当"大哥""大姐"。

(5) **参与感：线上线下活动：有活动才有参与感。**

活动才是真正产生粉丝黏性、发挥价值的根本。活动必须提前策划（大部分人），活动要根据大家的喜好举办。从大家日常沟通的话题数据与只言片语，挖掘出大部分人的需求，根据需求创造活动。同时活动也要由意见领袖参与发布。

（6）为大家谋取福利：仅有情怀是不够的，还必须有锦上添花的福利。

仅用价值观或者情怀经营社群是枯燥的、苦闷的，还要为广大群友争取更多的福利、更多的惊喜。福利仅仅是锦上添花，根本还是价值观和情怀。只玩福利的群是乌合之众，如果运用不好，福利还可能成为群的负担。

（7）开始要以兴趣为主：兴趣是大家聚合的原动力。

兴趣最容易让不认识的人聚集到一起。一开始过于功利，只会让大家心思各异。功利性的东西可以慢慢植入或自然生成，一步一步通过话题、互动、活动等，增加大家的黏性与信任感，慢慢升级到商业利益的共享层面。

（8）搞破坏者直接拉黑。

破坏群友关系、骚扰其他人、乱发广告的人，不在同一频道上，不是有缘之人，无需珍惜、无需手软，必须直接踢出。如果放任他们，群主的公信力和群友的归属感就会严重降低，群的活跃度也就慢慢降低了。不过，可以规定特殊的广告时间，同时发广告，但要发红包。

（9）组织感：有组织才有力量。

有组织的行为力量，一定超越无组织、无规矩的能量。社群组织感表现在两个方面：一是线上、线下互动，活动的流程化；二是传播推广的组织感。如社群组织了一场线下活动，从前期传播到现场场景传播，到后期反馈内容再传播，都是大家集中力量的共同行为、共同推广，在朋友圈、微博、其他社群中铺天盖地地传播。

十、社群运营的六脉神剑

1. 红包驱动

红包驱动分为爱心红包、求转红包、求助红包。

（1）**爱心红包**：无私奉献的爱心红包发的人越多、数量越大，社群越活跃，社群生命力持续时间越长。

（2）**广告红包**：发广告之前要发规定金额的红包，一般为10元，如果不需要别人转发你的广告，可以发一次广告发一次红包。如果需要转发，单个红包金额不低于5元，数量不低于10个，总金额不低于50元。收到红包的群友，阅读广告并发朋友圈。

（3）**求助红包**：请别人帮助，单个红包金额不低于5元，数量不低于5个，总金额不低于25元。有5个可以帮忙的人，你的问题基本能得到解决。

2. 互动驱动

（1）**游戏互动**：趣味活动与小奖品融合，不过，也要定期、定时举办，否则没有仪式感、归属感。

（2）**话题互动**：每天定点（时间点），如果是固定日期，那就选择固定日期的时间点谈论话题。话题有阶段性目标和目的，即为什么设计这个话题，分几期讲完。

（3）**活动互动**：每月一次或者两次的线下活动，定好日期、主题，目的或者阶段性定出比较大的内部比赛活动。

3. 干货驱动

（1）**专业经**：专业文章、视频、录音等。

（2）**专家谈**：邀请专家指点或内部牛人谈心得。

（3）**专访记**：组织专访活动，内部的人或邀请牛人。

4. 福利驱动

（1）**馈赠**：生日、特殊节日、游戏幸运者，都是馈赠的理由，不能无缘无故赠送。

（2）**团购**：内部团购送礼品、积分、累计再奖等。

（3）**置换**：球迷见面会门票、演唱会门票、酒会入场券、培训学习名额、电影票等，但需要购买多少瓶酒，并拍一张与该酒的合影照片，转发朋友圈。

5. 公益驱动

（1）**抢购**：5元、10元抢购，宁做抢购不做打折，所得款项用于内部团体活动或者外部公益活动等。

（2）**义卖**：作为群费用基金，支持群内活动，同时自己还赞助酒作为活动基金。

（3）**拍卖**：15元起拍，无论多少，捐助到群或群内需要的帮助者。

（4）**赞助**：友情赞助、公益赞助等。

6. 共享驱动

共享驱动主要指信息共享、活动共享、资源共享三类。

群成员彼此虽然做着不同行业或工作，但大家有着共同追求与价值观。一个信息不仅对我有用，对其他人可能也是有价值的。于是，大家可以共同做事、做活动，相互补充，资源共享。因为这些共享者本身就是消费者，而且是源点人群，彼此共同影响其他人。

十一、社群运营的根本目的在于变现

变现的方法很多，有四个很重要的方法：一是团购，二是会销，

三是众筹，四是定制。

真正有价值的社群一定是能够变现的，一定是能够实现销量的。

对酒类营销人员来说，群友本身就是消费者，就是核心意见领袖，彼此通过资源共享，实现团购销售也并非难事。也可以通过他们的引导或推荐作用，影响身边的人消费，实现销售。

过去的品鉴会只品不销，现在呢？

针对社群的品鉴会，既品又销，说白了就是品鉴会和订货会合二为一。因为社群，大家相互认识，在一起参加这样的品鉴活动、娱乐活动，一起吃喝玩乐，有节目、有礼品、有抽奖，根据自己的需求购买需要的数量或价格的酒，也是一件快乐的事情。群友也可以带自己的朋友前来参与活动，在大家的影响下，也会购买一定数量的酒。但这种品鉴订货会，一定要在特殊日期进行，不要成为群友的负担。

众筹，大家既是消费者又是合伙者。一方面，既是酒的消费者，又是享受利益的合伙者，你会不会向身边的朋友推广这种酒呢？另一方面，这个过程中，以社群为单位的众筹包括对群主的众筹，以及对核心成员的众筹，利益捆绑在一起，让消费者也变成经销商。

定制就是专门为需要的人或组织定制具有特殊符号和意义的酒。如果你建立的社群或加入的社群本身就有很大的消费能力，可以专门为他们定制这个社群的专用酒。如果社群的群友，背后也有不错的消费能力与需求，根据群友的需求也为他们实现定制化产品，彰显他们的价值和与众不同。

某个经销商通过车贴广告送酒获得在地区建立一千人的两个车主大群资格。这些买酒的消费者为十万元以上的私家车车主。营销效率的高与低，取决于接触点的高与低。有一千个车主，就创造与一千个车主的接触点。

这种私家车车主群由于职业、收入、爱好各异，很难形成同道与同好的社群，但却有一点可以整合，就是同利。通过资源共享，在这个社群中玩转吃喝玩乐行，增强这个群的黏性与归属感。方法如下：

（1）每周二、周四晚8：30～9：30，大家在一起玩一些趣味性游戏，优胜者有奖或得分坎级有奖，奖品当然是酒。

（2）每周五会发布周六、周日晚上与本群联合活动的酒店名称及活动内容，如打折、抽奖、送特色菜、送酒等。

（3）每隔两周，在周一发布自驾游景点，告知本群群友报名到多少数量可以享受的优待，以及到附近指定农家乐吃饭的优待等。当然，有时群主要组织，要为他们解决遇到的麻烦，不能让他们感觉不舒服。

（4）经常发红包，一次不超过5元，特殊情况除外。经常转发健康、教育、职场、创业、新闻等方面的有价值、有趣味的文章或视频。

（5）针对车友群消费者或者推荐的朋友，买酒送洗车卡、买洗车卡送酒、买保险送酒、买酒送保险、买酒销售某些农家乐的优惠券、买酒销售某些4S店的福利、办加油卡送酒，他们的亲戚朋友的喜宴用酒均可享受免费送酒多少桌或多少瓶等方面的福利。

在这个市场上，有一千个私家车车主的广告、一千个私家车车主成为其可持续销售的渠道，通过一千个私家车车主撬动其他单位，把其他单位的消费群体转化为自己的消费者。

第二章
Chapter 2

产品为本

第一节　产品的静销力

一个优秀的产品，只要出现在市场，哪怕静静地摆在终端，也能引发消费者的需求或欲望，也能让消费者产生冲动，走过去仔细看看、摸摸，或买来体验一下。

优秀的产品会产生强大的销售力，这就是我们常说的静销力。犹如我们看到一个异性，首先是被他的不同外在表现或气质所吸引，然后想接触、想了解、想展开追求，感受其给我们带来的美妙体验。

那么，究竟如何打造产品的静销力呢？

一、静销力源于竞争的机会点

成功源于机会！一旦抓住市场竞争的机会点，产品的销售往往很快呈现裂变式的突飞猛进。

在白酒行业，竞争的机会点往往源于价格带定位的机会点。如果能够找到一个主流消费群体的价格机会，并且匹配品牌支撑力的市场价格带，可能就是你的产品快速成功的机会。

但不适合你做的，你选择做了，面临的就是失败，不要抱有创造奇迹的幻想。"没有做不到的，只有想不到的"对许多企业来说都是美丽的谎言。想到了，但你就是做不到，因为你没资格去做，因为你的资源不够匹配、你的品牌不够支撑，这是关键性的东西。

所以，寻找市场价格带的机会点，一定要把握以下三个方面：

第一，这个价格带一定不能是消费陷阱的价格带，不能改变消费者的消费习惯，不能进入消费者难以转移的价格带。如果通过引导教育消费者进行价格带转移，需要花很高的时间成本和资源成本，导致产品的静销力或者动销力比较弱。

第二，这个价格带是你的品牌影响力能够支撑的价格带，而且这个价格带不需要花太长时间进行教育、引导消费者。

第三，这个价格带是你所在的销售区域，不是竞争最激烈的价格带，或者是利用强势竞争对手看不上或者疏忽的价格缝隙，来攻击竞争对手。

如果在产品定位上没有把握上述三个方面，你可能陷入"你栽树，他人乘凉"，或者直接与竞争对手耗战的对抗中。而消费者看不到你的付出，他们大多数人只会选择品牌影响力很大的产品，而不是选择你的产品，更不用谈产品的静销力了。

二、静销力源于差异化的卖相，与众不同才能脱颖而出

好产品自己会说话，产品包装就是最好的广告。

一个产品成败的80%在上市之前就已经注定了，消费者不会因

为包装精美而买我们的产品，也不会因为包装不漂亮而不买我们的产品。

但是一个优秀的产品包装，至少要起三个作用：

一是容易引起注意，即在终端第一时间发现这个产品。

二是容易形成符号传播，即这个包装或包装上的某个元素的独特性或差异化成为流传的视觉符号，并能转化为流传的语言。

三是包装本身就是区隔，包装不仅是一个无声的广告，更是一个区隔不同产品的工具。就像洋河蓝色经典是在卖蓝、剑南春是在卖红、江小白是在卖时尚青春文化的空虚寂寞冷，但是它们的形象都有明显的区隔。

纵观那些生存艰难或者初创的，而后来通过一定的营销模式取得成功的企业，有一个共同的特征就是产品包装与众不同，从众多同质白酒中脱颖而出。凡是跟风产品，通常只能起到打击竞品的作用，不可能通过打击竞品颠覆市场。只有差异化产品才能与对手区隔，从而使对手长期积累的"规模优势"变成"规模包袱"，才能成功地在消费者心中定位，一个没有独特定位的产品是不可能被消费者记住的。

现实营销中，差异化并非一定要开创一个新品类，差异化产品并非一定有重大差异，只要消费者感觉有差异就行，只需要微创新，只需要在既有市场空间中，因为与竞争者的表现不同，成为独一无二的产品，从而脱颖而出。

所以，差异化需要我们根据市场竞品情况，设计或选择具备差异化的产品进行市场操作。

大家可能会说，白酒同质化如此严重，如何打造差异化产品呢？我们从形状：高、矮、胖、瘦；从颜色：蓝、红、金、紫；从容器：

盒装、箱装、瓶酒、小瓶；从容量：多一瓶、多二两、双壶；从度数：28度的绵柔、65度的奢华等，以及大家常用的度数、口感、工艺等差异性，但口感、工艺不够直观，需要体验。

口子窖的美女瓶与铁盒包装、洋河蓝色经典的蓝色包装与美女瓶、高炉家酒的徽派建筑包装、三井小刀的刀型包装、老沧州酒的双壶包装、金裕皖酒的易拉罐瓶、范公的酒篓酒、关汉卿的坛子酒等，这些产品都曾经在区域市场一度引领潮流，或者目前还在引领潮流。

有一个案例特别有趣，在山东某县级市场，黄河龙依靠"多二两"这款低端产品，在当地低端市场的销售地位非常强势，许多品牌面对这种情况，无论采取何种营销方式都很难改变消费者消费该产品的热度。这时，有一个经销商从扳倒井贴牌一款产品，母子瓶包装，一个包装里面装了一大一小两瓶酒，直接在盒子上印出"多一瓶"的字样。该产品上市后，通过一系列市场营销推广方面的工作，很快就得到了消费者的认可，直接冲击了"多二两"的销量，慢慢成为该市场的销售老大。

在山东邹平市场，有三家本地酒厂：月河酒厂、天地缘酒厂、范公酒厂。在2002年之前，市场是天地缘酒厂的苦瓜酒与范公酒篓的天下，白酒度数集中在32度左右。这时，月河酒厂生产了一款度数为28度的扁瓶翠竹酒，上市仅仅5个月就满城尽喝扁翠酒，连续畅销多年。后来因为企业管理不善，市场上扁翠假酒泛滥，天地缘、范公、扳倒井强势进攻，2008年邹平市场成了扳倒井的天下。不过，月河酒厂现在通过差异化的营销模式，再次夺回自己的王者地位。

三、静销力源于可感知的性价比，让消费者一看就物超所值

差异化容易从非主流快速成为主流，但许多酒水企业害怕承担风险，害怕教育成本高，不愿走差异化路线。

如果你决定跟随主流产品路线，又渴望产品具备不错的销售力或静销力，那就要在产品包装、口感、品质上，让消费者感到物超所值。

从消费者直觉感观出发，使你的产品的包装、直接感受价值超越同类价格的竞品，让消费者产生愿意尝试的意愿。对酒来说，产品卖相、功能值不值那个价格很重要，消费者不是傻子，你可以高价，然后通过促销活动把价格拉下来，但不能高得离谱，不能超越产品卖相直观支撑的感知价格。

我们不能和名酒、二名酒、区域强势品牌相比，人家的产品是品牌下的溢价价值。你的产品在没有形成品牌之前，必须把握住产品的直接感知价值。

江苏某市场，是洋河、汤沟、今世缘、双沟等强势品牌盘踞的市场，竞争非常激烈。在这个市场，如果没有强大资源投入或没有差异化的营销路径，想获得不错的市场销量比较困难。有一个品牌，发现该市场多玻璃瓶装酒，而且多是盒装酒。于是该品牌研发出一箱两瓶装的精美瓷坛酒，每坛容量1斤半。产品上市后，通过一段时间的培育，很快得到了部分消费者的喜爱，轻松取得了一定的市场地位。

四、静销力源于一个让消费者心动的好名字

终端产品琳琅满目,各种产品概念层出不穷,但消费者日渐变得更加理性和成熟。多数产品缺乏一把刺痛消费者的"尖刀",一个能让消费者心动并掏钱购买的理由。这个理由就是产品的名字及产品的核心卖点。

一个好名字,绝对会有事半功倍的效果。一个产品名字的好坏,必须把握四个方面:

一是让人看一遍就刻入脑海的名字,简单好记、容易理解,如口子窖、宣酒、十里香等。

二是读起来要朗朗上口、不拗口,好名字容易让人脱口而出。

三是与历史文化、地方特色、社会的民俗民风、时代文化等有一定的关联。

早期的白酒品牌起名基本都围绕历史文化、地名和人名,如赊店老酒、衡水老白干、诗仙太白、水浒酒等;白酒黄金十年基本都是"高大上"的命名方式,如国井、国缘、国窖等;而近年来时尚、青春、无厘头的命名方式盛行,如江小白酒、泸小二酒、小样·乳酸菌、小茗同学·果汁饮料。这些名字几乎都出自朗朗上口的历史文化、地名、时代印记等具有超强记忆功能的词汇,让产品成长事半功倍。

四是能够暗示产品属性,如脑白金、五粮液、九粮液、创可贴等。

定位大师特劳特甚至认为,命名是最重要的营销决策。一个好名字能让产品瞬间在消费者头脑中生根并引发正面联系。

五、静销力源于一个独特的核心销售卖点，并用一幅主画面把精髓打入消费者的意识中

销售焦点只能有一个，瞄准一个目标才能打中，在几个目标之间游离不定只会全部打空。一句精辟的独特的销售卖点胜过十万雄兵，好广告语可以直达消费者心灵最深处，引发他们购买的欲望。

对许多企业来说，这可能很有挑战性，但却是最容易做到的。因为独特的销售卖点，往往是对产品价值点进行概念性的扩大，有时并不需要多么强大的技术和工艺支撑，但一定要有这方面的事实与价值存在等，关键在于如何打动你的消费者。如宣酒的"小窖酿造更绵柔"、古井贡酒的"手工酿造，年份原浆"、柔和种子酒的"好酒自然柔和"、三井十里香的"真原浆，酒更香"、三井小刀酒的"喝小刀，成大器"、衡水老白干大小青花的"大小青花，多少随意"。

产品的卖点概念，对于消费者来说，只要容易记忆、容易传播、容易打动他们、容易引发消费者需求欲念就行了，并非一定要进行颠覆性创新。

对许多企业来说，一是没有能力创造新的功能卖点；二是即使有能力创造改变主流观念的独特卖点，但由于没有能力进行推广教育消费者，公信力就不足，很容易成为"先烈"，更别提产品的静销力了。

产品核心卖点有了，如何用一个主画面表现出来，并能刺激消费者的神经特别关键。因为把产品的精髓、卖点、诉求、承诺和气质统一起来，并且有生命力地表现出来，才能引起消费者的共鸣，这是一件看上去简单实际上极其复杂的事情。

第二节　价格设计的艺术

在白酒行业，有一句话值得警醒，那就是"定价定天下"。成也定价，败也定价，这不是一句空话，许多产品一面世，就能从产品的价格定位与设计中知晓这个产品未来的命运与机会。

产品价格体系的设计与模式，决定着产品的动销概率及生命周期。很多时候，"价"不仅仅决定产品"位"的问题，还决定着产品"机"的问题，更决定着产品"力"的问题。

"位"是价位，决定产品定位的目标消费群体；"机"是机会，决定产品在市场上的竞争机会；"力"是力度，决定产品在市场上的操作空间，还决定着产品的生命力的长短。

那么，一个产品究竟如何定价？其中有何艺术和规律呢？如何定价才有利于产品的动销、畅销、长销呢？

一、价格带的定位与选择一定要基于消费需求与市场竞争的机遇

对于价格带的定位与选择，我们需要从两个角度进行思考：一是消费需求层面，即对消费群体的定位与细分；二是竞争机会层面，即产品价格在市场上的竞争机会。

1. 从消费需求层面看价格带

如果从消费需求层面细分价格带，可分为两类：一是主流刚需价格带；二是非主流需要培育的价格带。

主流刚需价格带：消费需求已经形成，有存量的价格带时，产品切入主流刚需价格带，可以通过营销手段获得市场存量，不涉及

价格带培育成本。

对于主流刚需价格带的切入，在现实中又可能遭遇两种情况：一种是众品牌纷纷抢食、竞争激烈的价格带；另一种是竞争对手看不上却具有消费机会与竞争机会的价格带。

非主流需要培育的价格带：主要是指消费刚需尚未形成，可能是机会型或趋势型价格带，也可能是价格带陷阱，需要培育的价格带。

对于非主流价格带的切入，最大风险在于消费升级或消费趋势在短期内不会形成，或者在培育期，这种价格带的增量一直难以形成显性增长。最后是"前人栽树，后人乘凉"，自己成了"先烈"的结局。或者这个价格带根本就是一个价格陷阱，现在与未来都不存在规模性消费量。

"古井年份原浆献礼版"上市之前，年份系列产品遇到了巨大的市场挑战。在这个过程中，关键在于价格体系的设置。"年份原浆五年"的终端零售价最初定在168元，这个价格带对古井品牌产品来说，是一个非主流需要培育的价格带，无论古井人如何努力，产品上市之初表现乏善可陈。古井人经过对消费者的研究后发现，168元这个价位超过了安徽市场主流商务宴请的价位，108元这个价位才是具备消费升级趋势的主流价格带，于是开发"献礼版"产品进行补充，终端零售价定在了108元。结果，"古井年份原浆"在徽酒的强大阵营中脱颖而出，对竞品形成高位壁垒。像"古井年份原浆"原有产品这样在上市之初被寄予厚望，却因没有把握住消费主流刚需价格带，最后表现不尽如人意的例子比比皆是。

2. 从市场竞争角度看价格带

如果我们从市场竞争机会细分价格带，同样也分两类：一类是蓝海价格带，另一类是红海价格带。

蓝海价格带：必须把握两点，一是有消费存量或者有明显的消费增量趋势；二是有相对市场竞争机会，容易胜出。如果用一句话表述，就是你所切入的是主流刚需价格带或消费趋势容易形成，但竞争机会明显或竞争不甚激烈的价格带。

红海价格带：从红海二字看，这个价格带一定是有存量的价格带，而且还是众品牌抢占、竞争极度激烈的价格带。

在红海价格带中竞争，只需要从竞争对手那里抢夺销量，通过营销力度与营销手段来促进产品在市场上的销售，相对来说难以让产品在市场上快速动销、畅销、持续旺销，更不用说在某个价格带上的市场地位。

即使能够取得显著成就，产品自身的差异化及营销手法差异化一定功不可没，或者资源投入的成本也是比较大的。所以，这对于许多产品缺失差异化，营销模式跟风、营销资源匮乏的企业来说，难以快速成就产品的成功。我们在市场进攻，尤其是区域市场进攻时，选择主要竞争对手或强势品牌放弃，但消费又有刚需的蓝海价格带，进行价格带切入，犹如行军在毫无竞争的市场，一般还是很容易成功的。

安徽种子酒业的祥和种子酒，价格定位在40元左右，在这个价格带取得了不菲的成就。高炉家酒在口子窖占领88元价格带的五年间，企业定价普遍在55~60元价格带，占领了很大消费群体，在安徽红火一时。

这里重点讲一下当年非常弱势的品牌金裕皖酒，如何通过抓住蓝海价格带，不仅创造了产品的传奇，更让企业一度风光无限的。

众所周知，徽酒品牌众多，竞争激烈，战术雷同，是盘中盘模式最早的应用者。在竞争如此惨烈的徽酒阵营中，一个毫无历史、毫无品牌基因的新生品牌——金裕皖酒依靠什么脱颖而出？

作为一个新企业、一个新品牌，必须要思考的问题就是如何避开强势品牌的打压，而又能被消费者快速认可的市场机会点，这才是发展的战略举措。

金裕皖酒掌舵人段兆法先生带领其团队，精细化研究市场，给自己一个适合现状的竞争定位——做大企业不愿意做、小企业做不了的中低端产品，即10~30元这个价格带。因为在这个价格带，徽酒并无强势品牌，外来品牌在那时还没有深入安徽市场，这是一个很好的价格空档与市场机会点。

价格战略一旦定位准确，再结合灵活创新的营销战术，如独特的包装设计，花样繁多的促销方式，一地一策、一店一策的营销打法，不仅让产品快速动销、畅销，更让金裕皖酒很快成为徽酒中一颗耀眼的明珠。

二、定价模式的选择一定要基于产品成本与市场运营的优势

定价不仅基于产品本身，更是基于市场运营的机理而定，而且后者大于前者。

实践证明，消费者的消费是建立在对产品的认同的基础之上。而产品认同或价格认同源于两个方面：一是产品本身的直观感知价

值，如包装、品质、工艺等；二是通过品牌推广、消费体验与市场营销所创造的价值认同。

故此，我们必须把握一个定价背后的营销机理，消费者对价格定位的认同并不仅仅源于产品本身，更多的源于证明其价格、价值的营销活动。也就是说，无论什么价格，都需要相应的营销活动证明这个价格的合理性、正当性，获得价格认同（是否值这个价钱）。

现实营销中，产品的定价模式面临三种选择：一是低价模式，二是高价模式，三是平价模式。

低价模式：产品价格低于市场主流消费的同品类产品的价格带，即大家常说产品性价比高，但产品成本并不低。举个简单的例子，如目前光瓶酒主流消费价格带在15元，而你的产品，就产品本身价值给消费者的直观感知非常匹配15元价格带，而且产品成本并不低，但由于品牌力不足，你将这个产品定位在12元甚至更低，进行市场搅局，这就是一种低价模式。

低价模式的成功必须把握三个关键要素：

一是产品性价比能与更高价格带的产品相媲美。

二是产品本身成本低，能够支撑更低的价格。

三是能预留出足够的市场营销空间。

如果不能满足这三个关键要素，采取低价模式往往容易陷入进退两难的困境。

如果产品本身性价比不高，消费者对产品的直观认知就是你的产品就应该比别人低，因为你的产品不值这个价格；如果产品本身成本并不低，纯属为了低价而低价，你拿不出空间进行市场营销活动，这时产品容易被淹没在众多品种中，很难有机会出头。

现实中，许多企业容易犯"为了低价而低价"的毛病。如裸价销售，导致产品营销的核心要素只能是低价。除此之外，根本没有营销费用支撑其他方面的营销活动。对于低价上市的产品，除了上市之初可能在渠道产生一定影响之外，基本上很难在消费者中产生影响力。

许多企业有一种误区，认为营销政策好的企业是因为企业资源多、有钱、敢投，其实这是错误的理解与认知。那些深谙营销之道的企业，之所以在产品上市初期的政策投入比较大，只不过是前置性资源投入，是对资源的预支，是需要通过预留价格空间和未来的销量偿付的。

对于资源投入的规律，很多人是不懂甚至不理解的。他们认为，只有高价是需要营销活动来支撑的，对于低价只是把费用省下来，直接给予消费者。可惜的是，消费者看不到你的营销活动，并不买你的单。做市场需要有营销动作，有动作必然要求有投入，甚至持续投入，没有长期的政策支持是很难成功的。

所以，我们经常发现，市场上销量最差的商品通常是低于主流价格带，又没有营销推广动作的产品。

高价模式：产品的定价略高于某个主流价格带，但不是高得过分，超越了产品本身或品牌所支撑的价格带，甚至进入更高价格带。光瓶酒主流价格带在15元，你定价18元，打高走低，通过消费者促销、推广等形式，消费者实际消费价格等同于15元或更低。

高价模式存在三大优势：

一是有足够的价格空间支撑产品推广活动。

有了丰富多彩的产品推广活动，就能让产品在市场上的表现活跃起来，产品活跃度比价格更容易引起消费者关注。所以，市场上有这样的现象出现：市场上最畅销的产品并非低价产品，也不是有知名度的产品，而是产品活跃度很高的产品。

当前市场，产品丰富，同质化严重，品牌认同度难分你我。这时，谁在市场上的表现最活跃，谁就更容易引起消费者关注。消费者关注度才是促使消费者购买产品的关键因素之一。

二是有足够的空间让消费者占便宜。

占便宜不等同于价格便宜，占便宜是有利可图，是在原有的基础上得到更多的好处。消费者占便宜心理往往表达了两个含义：第一，产品和价格的认同，有购买意图才想还价；第二，希望在此价格基础上优惠一点，优惠可以加大购买决心。所以，我们在消费场所经常听到的"能否便宜一点"，不是要你的产品定价便宜，而是给我些便宜让我占。如果把消费者占便宜理解成价格便宜，就会陷入低价误区。

深懂价格营销的企业，会充分利用消费者占便宜心理，背后往往出现两种定价现象：一种是显性的定价，即指导零售价，价格通常高一点，一般不超过成交价的15%；另一种是隐性的定价，即实际成交价，通过活动把实际成交价降下来。

我们在终端做的各种促销、推广活动，实际上是为了让消费者产生占便宜的感觉。那些活动只不过是师出有名的掩盖而已。

所以，新产品上市需要采取高价模式，然后把利润空间预支出来，用于开展营销活动，以营销活动来支撑消费者对产品的认同、对价格的认同，以此来刺激产品动销。新产品上市，最怕消费者对产品缺乏消费体验，对产品缺乏感知，对产品缺乏注意，就无法对产品做出判断。如果对产品缺乏感知、缺乏注意、缺乏体验、无法判断，消费者很难做出消费决定，何谈产品动销？

三是有足够的空间驱动渠道的积极性。

这里的渠道不仅仅是指经销商，还包括零售终端、分销商、二批商等。

渠道对新的产品的要求，首先是以利润为导向。因为产品在初始期销量是无法满足他们的盈利需求的。在渠道环节，厂家不仅要制订出厂价，还要制订各层级或环节的价格体系，价格体系就是毛利空间。如果成本高，产品零售价低，就会自然而然地压缩各层级的毛利空间。毛利空间小，意味着渠道推荐的积极性小。如果是知名产品，没有推荐或许还有人主动购买；如果是非知名产品，缺乏毛利空间就意味着丧失了被推荐的机会。

平价模式：跟随市场主流消费的某个价格带，如光瓶酒主流消费价格带15元，你定位在15元。最终能否胜出决定于企业低成本优势与政策投放优势，以此来保证产品在众多产品抢夺的价格带上最活跃或脱颖而出。

所以，真正的产品营销并不是卖产品，而是卖价格，学会卖价格才能领悟营销的真谛。

三、产品定价在渠道链上的分配规律

产品从生产出来到被消费者购买，一共经历成本价、开票价、打款价、供终端价、二批价、团购价（也可以是实际成交价）、标牌价（零售指导价）七个价格设计环节。每个价格设计环节都深度承载着不同的价值使命，可谓"牵一发而动全身"。价格体系设计的背后，就是渠道利益的分配和对消费者的定位，我们必须对价格体系中的每个环节了如指掌，并深懂其背后的分配规律。

1. 成本价

成本不仅决定产品的利润，更决定了产品在市场上的可操作空间，甚至影响产品零售价的定位。

一般在进行产品成本价控制时，多根据产品的指导零售价进行倒推，既保证产品能支撑零售价的性价比，又保证在渠道空间或市场运营费用的压缩。

然而，在实际产品设计生产中，由于产品成本把握不准，导致产品零售价超越定位的价格带，或者产品性价比不支撑实际定位的价格带，最后，导致产品"出师未捷身先死"的例子比比皆是。

一般一个产品的成本主要包括四个方面：

一是酒水成本，含固定资产折旧、税收、工厂运营成本等方面。

二是内包装成本，含瓶子、瓶盖、瓶标或瓶子烤花等。

三是外包装成本，含外盒、外箱、卡片等。

四是附属成本，含手提袋、泡沫、防伪等。

2. 开票价

开票价是酒企、销售公司给经销商出具发票的价格，这是一个值得关注的关键点。因为开票价和成本价之间的价格空间，就是酒企、销售公司的毛利率。其中的空间，一般不能低于35%。如产品的成本价是10元，其开票价就不能低于15.38元。

3. 打款价

打款价主要是指经销商实际打款发货的价格，也就是经销商的进货价格。大多数厂家负担路费，所以，常常称为到岸价。

这里有三个方面值得注意：

一是目前酒企多采取价费分离政策，即打款价和开票价之间的价格空间，就是产品所产生的可投入市场费用。

二是如果厂家采取全控价模式，厂家要预留40%以上的市场费用，根据经验、规律一般预留60%的空间，方可在市场运作时轻松些。如产品开票价是 15 元，打款价最低是 25 元。

三是如果裸价操作，预留空间则较少，一般在 20% 以内。

许多没有采取价费分离政策的厂家，投入到市场的费用常常需要纳税。这在一定程度上直接影响了企业的盈利能力。

4. 供终端价

供终端价是指经销商直供终端的价格。供终端价和打款价之间的价格空间，是经销商的毛利率，一般经销商毛利率要求不低于 30%。

供终端价包括供酒店、商超系统、烟酒店、流通店等的价格，其中，供酒店终端、大超终端的价格要高于供烟酒店、流通终端价格。其供价略高的原因有二：一是起到价格标杆作用，二是分摊运营费用。一般酒店高出 15% 左右，甚至更高，具体空间根据当地实际情况而定，其空间主要是酒店终端需要的费用及对服务员的开盖费等；大略高出 10% 左右，主要是大超各类运营费用的投入，具体情况根据各大超系统及当地情况而定。

如果是厂家全控价，市场费用由厂家投入，则经销商毛利一般不会高于 30%，保证经销商的基本运营与合理利润。

如果是裸价操作的厂家，往往指导经销商预留 50% 以上的毛利，一般在 80% 左右，以保证经销商有足够空间自主运作市场。

5. 二批价

二批价是经销商给予有一定网络渠道、进货量较大的分销商的价格。非成熟产品二批商的毛利率一般在 10% 以上。

对于有特殊资源的烟酒店，能够享受到二批价，厂家一般以各种方式进行补贴，如变动的返利、固定的陈列费用支持等。

6. 团购价

一般团购成交价和最低成交价经常就是一个价格，原则上介于烟酒店的供店价与零售价之间。

终端商的毛利率是指终端商进货价和实际成交价之间的空间。其中，酒店的毛利率平均要求在40%以上；流通渠道与超市的毛利率一般在30%左右（新产品利润要高于成熟竞品的1.2~1.5倍）；烟酒店的毛利率往往"随行就市"。团购最低成交价的选择要注意确定市场的主流价位，抓住竞争优势。一方面，要防止陷入价格陷阱；另一方面，又要"打提前量"，前瞻性地进行"价格卡位"。

7. 零售指导价

标牌价主要是指酒店、超市、烟酒店等终端明码标价的指导零售价。标牌价要适度标高一些，一是可以彰显产品价值和档次，二是给团购和烟酒店的市场操作留出足够的空间。

综上所述，我们要把握如下关键点：

一是中高档白酒的制造成本，原则上控制在零售价的20%以内，低端产品成本占比可能会高一些。

二是销售公司的毛利率保持在35%以上。

三是全控价的市场费用要在40%以上，80%左右更好。

四是经销商的毛利率一般在30%以上。

五是二批商的毛利率在10%左右。

六是流通终端的毛利率在30%左右，新产品对终端利润设计是竞品的1.2~1.5倍。

七是在控制产品成本、确保产品性价比的基础上，还要预留4~5倍的操作空间才能满足各个渠道环节对利润的基本需求。

第三节 玩转利润空间

众人皆知有钱好办事。在市场营销中,产品预留利润空间越充分越有利于市场运作,越能够驱动产品快速动销,合理的利润空间是产品快速动销的动力源。

但在现实营销中却频频出现这些现象:产品刚刚导入市场时,就面临市场运作的利润空间捉襟见肘;市场准备大展手脚时,却根本拿不出利润空间进行渠道促销或消费者促销;产品虽被运作得有声有色,利润空间却被不断透支而遭遇被动。

这些现象究竟是何原因导致的?其背后又隐藏着什么样的市场规律呢?我们必须明白哪些规律或关键点才能避免后悔?

一、利润空间设计在于产品成型之前

我们在开发一个新产品时,首先要做的事情是对产品进行定位。产品定位需要把握三个层面:

一是产品的消费群体定位,即产品让什么样的消费者进行消费。

二是产品定位的价格带,即产品实际成交价所在价格带。

三是品牌所能支撑的价格带,如何设计产品性价比才更有竞争力。

我们只有把握住产品上市后面临的消费群体、价格带定位、品牌支撑的产品竞争力,才能根据产品利空规律的 $3 \times 3 \times 3 \times 4$ 公式(这里的 3 是 30%,4 是 40%。第一个 3 是厂家经营费用与利润,第二个 3 是经销商毛利率,第三个 3 是终端的毛利率,4 是厂家或经销

商预留的基本市场运作费用空间。其中，终端毛利率与市场运作空间可能还会要求高一些，根据实际情况而定）来控制产品成本，来确保产品既能满足产品价格带的定位，又能满足各环节需求的费用空间，同时能让产品具备高性价比，不会在产品生产出来后因为成本过高而抬高产品对消费者的成交价，或指导零售价，或价格带不变而压缩渠道环节费用或市场运营费用。

所以，一个产品在成型之前必须设计好产品的各个预留空间，严格按照产品价格定位、各环节预留空间进行产品成本控制。否则，一旦产品做出来了，再进行产品空间设计，就会改变原来的一切定位。预留空间越充沛、清晰，市场运作起来越容易、越得心应手。

二、理解市场费用的三大关键要素

在市场运作中，厂家毛利率、经销商毛利率、终端毛利率本来都是相对固定不变的，这是保证三个环节基本经营获取合理利润的基础。

但现实营销中，无论厂家还是经销商、终端的毛利率，都容易被层层蚕食，导致产品的营销越来越被动。甚至产品的动销或畅销还没有形成趋势，产品就遭遇了价格穿底，大家都无利可图而导致产品被封杀。

问题到底出在哪里？

因为在白酒营销中，产品没有传播推广、渠道促销、消费者推广，往往给人一种不健全的营销，好像缺点什么似的感觉。

产品的传播推广、渠道促销、消费者促销恰恰源于市场运营费用空间，如果预留得不合理或运用得不合理就发生渠道利润与厂家利润被蚕食的现象。

市场运作费用一般包含三大部分：

一是地面广告投入，如陈列、堆头、终端广告等费用。

二是渠道促销投入，如进货政策、累计奖励、坎级奖励等，决定渠道推力问题。

三是消费者促销投入，针对消费者进行促销活动，决定消费者推广力度问题，如产品设奖（盒内或瓶盖）、现场促销、买赠活动等。

这三大组成要素也是保证市场能够良性运作的关键组成部分。

三、理解市场费用间的平衡关系

许多人喜欢在市场费用投入方面，要么均衡投入，要么极端投入，殊不知这两种投入方式都存在着缺陷。均衡投入，没有突出，难以形成显著优势；某个点上极端投入，容易导致其他方面瘸腿。最优的投入方式是根据阶段需要，以最需要突破的点为主，其他为辅，相辅相成，推拉互补。

如市场费用中的广告、渠道促销、消费者促销，在新产品上市阶段应该以谁为主呢？有人说应该以渠道促销为主，强化推力；有人说以广告为主，强调拉力；但很少有人说以消费者推广为主，强调消费互动。这就是许多产品动销难、动销慢或者动销了难以形成规模的根本原因。

根据产品动销规律，消费者消费一个产品需要消费理由和需要减少尝试成本及冲动性驱动；终端推销一个产品需要推销理由与推销动力。所以，在市场费用使用方面，我们应该以消费者推广费用为主，地面广告次之，强化产品在终端的可见度、强势度，以及助推消费者活动的快速传播或规模化传播；渠道促销此时却不需要大力度渠道促销，只需要稍微有之，而且要有利于产品动销的促销，如累计奖励、集盖兑酒、坎级奖励等。

产品新上市阶段，千万不要过度地进行渠道促销，即使费用给了终端，他们也挣不了更多的利润，只会导致产品价格快速下滑，影响市场费用的整体空间的压缩。需要强调的是，渠道促销在产品动销中也是非常重要的一环，绝对不能缺失，把握好力度和节奏是关键。

所以，新产品上市在市场费用投入方面有两种组合选择方案：

一是消费者促销为主，广告辅之，渠道促销最弱之。

二是广告传播为主，渠道促销辅之，消费者推广最弱之。

这两种组合方案，相对比较容易驱动产品的快速动销，最易撬动市场。

四、理解市场费用间变与不变的规律

许多企业在实际的市场运作中，预留的市场空间往往不断被蚕食、被透支，最后只有靠挤压企业利润来满足市场运作的需求。

面对这种现状，我们必须理解与把握在实际市场运作中所需的变与不变的平衡关系。

所谓变，变的是形式；所谓不变，不变的是标准。变的是活动形式，不变的是费用标准。即我们在实际运作市场时，需要根据渠道的预留空间标准设计渠道促销活动，变换促销形式，但促销的力度永远控制在预留的标准范围之内。消费者促销推广活动同样如此。

营销的本质是关系，而关系的建立与维护则是通过丰富多彩的活动来互动，无论是渠道客户还是消费用户。

为了避免牺牲自我、透支自我，而又希望能够持续不断与客户和用户进行互动，唯一可行的方案就是在既定标准下创新、创造、变化新的活动形式，而投入的费用空间却是大同小异。只有这样才能确保产品在市场运作中有足够的活力与动力去打造产品的活跃度。

为什么企业的利润被侵蚀，价格被卖低，市场费用不足？其关键原因在于我们为了驱动终端的积极性与消费者的热情，一次又一次地不断加大渠道促销力度与消费者促销空间，没有真正把握住市场运作中费用空间使用变与不变的奥秘。

五、只有更高的价格，才有更好的政策

某企业生产了一款包装好、品质优的光瓶酒，定价58元。由于产品动销缓慢，企业怀疑产品定价高了，不断降低产品的指导零售价，结果产品不仅动销困难，更引起广大终端客户的反感与抵触。

这个产品是企业花费了不菲的精力与时间打造的一个精品，不仅包装好、品质不错，更可贵的是成本控制得非常好。在沟通中发现，企业非常明白：只有保证产品包装好、品质不错、有充沛的费用空间，才更有利于市场运作。然而，企业却疏忽了自身品牌力所能支撑的价格带，以及消费还没有升级到这种主流价格带，最终导致产品动销缓慢。于是，企业希望通过降低销售价格来驱动产品动销。

面对如此情况，我们做出了如下决定：

（1）制止企业的频繁降价行为，根据产品性价比及消费者易于培养的价格带趋势，让其产品定位在38元。

（2）新产品的价格不是用来销售的，而是用于给产品"定位"的。新产品值不值钱，很大程度是由价格决定的。当给优质新产品标低价时，即使是优质的产品，在消费者心中也已经不值钱了。

正因为如此，新产品定价通常遵循"高开低走"的原则。"高开"是为了给新产品定位，"低走"是为了让消费者"占便宜"。当新产品价格"高开低走"时，就给市场创造了更多的政策，给了新产品更大的推力。

我们的市场观察结论是：在产业集中化之前，市场上价格最低的商品，通常是卖得最差的商品。极少有哪个品牌能靠最低价打开市场。当然，像格兰仕那样打出品牌后再打价格战的，另当别论。

第三章
Chapter 3

终端为基

第一节　铺货的奥秘

新产品铺货率并非一定要多而全，有效性才最关键。

笔者曾经应邀去考察一个市场，当地区域经理说自己的铺货率不错，1500家终端，自己已经占领了800家终端。在市场走访中我们发现，铺货率是不错，每个区域都有，就是没有相对集中的铺货率，而且铺货网点都是跟随性终端，缺失真正为产品动销起推荐带头作用的领袖型终端。

许多酒企喜欢强调产品的铺货率和面市率，认为高铺货率是终端成功的保证。但现实中，销售人员为了铺货率总是选择容易搞定的客户先铺货，结果导致有效终端进不去，无效终端到处是，产品在不断铺货过程中，由于动销困难与缓慢，导致最后夭折。

也有许多酒企只抓重点终端，反对高铺货率，认为这样做不经济，运作成本太高。结果在应该放开铺货率时没有放开，丧失了市场扩大的机会，销量越做越少，最后在竞品挤压下慢慢失去市场。

那么该如何正确看待铺货率呢？该如何处理好铺货作业中的几个关系呢？

一、铺货质量比数量更重要

新产品上市，尽管铺货率非常重要，但也要注意处理好终端数量与终端质量的关系。如果盲目过分地追求铺货率，那么就会加大销售成本。既造成资源浪费，又影响了重点终端的集中投资力度。

比如一些中高价位的产品，如果在便民店大量铺货，投资大，却见效少，因为这里极少有中高价位产品的重度消费者，购买和消费过程几乎不会在这里发生。

所以，什么样的产品进什么样的店，要根据产品的档次、性质来选择合适的零售终端铺货，而不必强求"全面开花"。

在铺货网点的开发上，要正确处理好网点数量与网点质量的关系。不但要重视网点的数量，更要重视网点的质量。

铺货率虽然是终端开发中的重要指标，但不是唯一指标。有一定数量的终端，能够体现整体势能，绝大多数终端有货；但是有质量的核心终端，却能带动销售，体现动能，实现快速动销。

质量选择的关键指标有三个：

一是匹配本产品销售的网点。

二是匹配本产品销售，而且是同类竞品销量比较大的网点。

三是挖掘能够主推的网点。

有些网点虽然匹配本产品销售，同类产品销量也很大，但其有自己独立主推的产品，如自己开发定制的产品，其他产品即使进店了，客情关系也不错，但主推可能性不会太高。

二、动销率比铺货率重要

许多企业虽然铺货率很高,但铺货网点的销售业绩却并不理想,铺货网点的动销率也不高。

在现实营销中,除把铺货率作为重要考核指标外,各网点的动销率也应是一个重要的考核指标,网点动销率同铺货率一样重要。

一些企业为了提高出货率,在铺货时,采取"抓大放小"的策略,即抓销量大的网点,把主要资源投放其中,而把小的网点放在次要位置。这样提高了铺货率,也提高了动销率,两者同步增长。

懂得营销规律的企业,在网点建设方面一定有良好的战略规划,尤其重视网点建设的质量。在一个区域重点扶持一些网点,而不是遍地开花。只有等时机成熟后再增加新的销售网点,所选的点基本是做一个活一个,走的是"以点带线,以线带面"的路线。他们往往采取以下思维模型设计铺货节奏:

一是抓核心店铺货率:铺货率再高,匹配产品销售核心店、领袖网点没有进去,产品动销难成大势。

二是抓核心街区铺货率:铺货率很高,但白酒消费相对集中的街区却没有拿下,这种撒网式铺货只会浪费企业资源。

三是抓核心区域铺货率:与其全面撒网使铺货率达到60%,不如聚焦核心消费区域,拿下重点,打造100%的铺货率,形成绝对占有。你有多少个100%铺货率的区域呢?

四是最后整体市场铺货率:市场的整体铺货率一定不是全面铺开的,而是一个一个片区性攻下,最后形成整体铺货率,否则,得到的多是无效的铺货率。

这样既能保证铺货率高效，又能保证动销的有效性。

因此，一定要注重网点建设的质量，不能只片面要求终端铺货网点的数量，而应更加重视铺货网点的运行质量和效率，保证产品动销。所选的铺货网点要做一个活一个，如此才能培育市场、保持市场可持续发展。

三、推广比单纯铺货更重要

铺货难或动销难，根本原因在于我们的产品毫无影响力，无论是消费者还是终端商都对产品基本无感，导致我们在实际市场操作中遭遇太多不认可。

解决这个问题最高效的方法就是推广。无论铺货阶段还是铺完货的动销阶段，都必须依靠推广来解决终端商的销售信心问题，来解决消费者的消费信心问题。

我们做任何一件事情，都必须根据最终目的以及现状来设计匹配实际情况的一系列动作、步骤、资源投入的解决方案。我们无论是铺货还是推广，最终目的只有一个，就是实现产品的快速流通。

所以，当有人问我，是铺货前推广好还是铺货后推广好呢？我的答案是，前、中、后都需要有推广，交替循环，这样才能保证产品在市场上快速铺货、快速动销、快速流行起来。

在这里需要补充一下，推广不仅仅是广告，它囊括了广告、公关、促销等多种方式。其主要目的就是为了让终端与消费者认知、认可、接受我们的产品。

1. 为什么铺货前要有推广

很少有终端商及消费者愿意接受一个毫无市场动作的产品。铺货前推广就是向终端传输做市场的信号——厂家比较重视这个产品，这个产品是有未来的。

常见的铺货前推广方式有如下三种：

一是广告投放。

如果企业资本比较充沛，可以与广告公司合作，进行城市广告投放，如公交车、公交站牌、路牌、车站等广告。

如果企业市场投放费用有限，但又想投放一些广告，可以选择一些居民墙体、终端墙体、终端门头等进行广告投放，可以给酒置换位置，这时只需投入一些广告制作费用。

需要花大钱的广告位，一定要选择影响力、辐射力比较大的广告；不需要大投入的广告，如民墙、终端墙体，一定要集中区域、集中路段投放，形成震撼之势。（聚焦区域）

二是客户公关。

如果企业市场推广费用充沛，可以选择召开大型新产品推广会或酒厂旅游活动。联合媒体、社会资源等，将终端客户邀请过来，进行新产品推荐、品鉴、抽奖、赠送礼品等，为后期铺货降低难度。

如果企业办不起这样的大型推广会，可以举办一些小型品鉴会。选择当地影响力比较大的终端客户，大家聚到一起，讨论这款产品如何才能操作起来。当然，这需要搞定一些能够串联其他客户的种子客户或带头大哥，才能保证效果。

如果办这种小型品鉴会也有难度，厂家可以在准备进攻的区域调研好终端，然后走进终端进行礼品赠送，拉近关系，如定制的品鉴酒或者主导产品。

三是消费互动。

如果终端资源或关系，以及资源投入、能力有限，上述两种方式都难以实际运作，这时可以在所有进攻的区域（当然是聚焦小区域）进行消费者的推广互动。如路演、社区行、气模人游街、车队游街、借助事件进行低成本推广等方法来制造品牌的影响力。

2. 为什么还要在铺货中进行推广

铺货前推广多解决终端接受的问题，铺货过程中的推广不仅增加已经铺货终端的积极性，还给未铺终端传达我们做市场的决心与信心，以及做市场的套路，减少铺货阻力，加快产品动销。

一般铺货过程中推广氛围有两种：

一是现场造势。如在铺货过程中，集中人、车、物料，在铺货区域进行宣传造势，引起终端关注。

二是消费者促销。对已经铺进去的终端，进行消费者促销活动，如买赠、品鉴、抽奖等活动，刺激动销，增强已有终端的信心，让未进去的终端动心。当然，促销离不开造势，势越大越好。

3. 为什么铺完货之后更不能缺失推广

永远记住，铺货只是手段，促成终端销售才是目的。

产品铺货后，一定要集中精力、资源做产品推广活动，尤其是促销，驱动产品快速动销。否则，刚上货架的产品就可能沦为"疲软产品"，导致企业前期的铺货成果前功尽弃。而且已铺货的终端售点如果不能尽快产生现实销量，这些售点就会比那些没有铺货到位的售点更糟。

新产品上市，最重要的就是推动终端消费，没有消费就没有终端销售，终端销售停滞，势必反过来影响经销商直至企业。因此，在重视产品铺货工作的同时，应当充分重视终端的消费推动工作。

产品的动销又进一步引起终端兴趣，刺激终端的进货意愿，变企业被动铺货为商家主动要货，从而形成良性循环。

现实营销中，终端铺完货后，一般采取两种方式推广。

一是终端推力驱动。 即为刺激核心终端主动推荐本品的积极性，给予终端销售奖励，如开箱有奖、回收箱皮、累计有奖、回收瓶盖等。

二是消费拉力驱动。 即通过消费者推广活动，助推产品动销，强化终端信心，刺激产品快速流通，如抽奖、免品、砸金蛋、卖酒送菜、限时送、限桌送等。

关键把握： 消费拉力为主，阶段性终端推力为辅，而且终端推力的使用多针对领袖型核心终端。

四、不良铺货行为，影响动销的九宗罪

1. 不懂赊销的关键点

为什么要赊销？

大家可能因为现金进店难度大，为扩大产品见面率，为整体提高进店的速度与气势，而采取赊销进店。

其实，这是一种大错特错的行为。在消费者没有形成主动购买意识的情况下，赊销只会让产品被动地躺在终端的仓库或货架上，不利于产品动销。因为终端并没有多少激情与主动性主推你的产品，如果你没有针对动销开展一系列的行为动作，产品滞销是再正常不过的事情。

但赊销也不是不可为的事情，关键在于针对性、目的性、策略性的赊销。

针对性主要是针对什么样的网点赊销。

对于那些销量比较大，影响力比较强，非常讨厌主动掏钱进货的终端，还是有必要采取一些赊销行为。因为有些终端在当地属于

领袖型终端，只要产品进去，如果再被终端主推，或者他们的店里开展系列的动销活动，产品不仅能够通过这些店的影响被广大消费者接纳，还能增强其他终端的销售信心。

目的性主要是指赊销一定要有目标规划，如计划赊销多少网点。

赊销的终端一定不能多，根据二八法则，如果非要赊销，也只能聚焦在10%～20%的核心终端、领袖终端上，其他终端如果不能现金进店，宁可不做，也不能赊销。赊销战线拉得越宽，以后的动销工程、管理工作就越难做。而聚焦在核心终端上，无论人力、资源、时间，都是能够轻松做好这些工作的。

策略性主要是指赊销以后做什么。

其实，任何一个产品在还没有进入市场时，就必须考虑好动销路径。我们不是为了铺货而铺货，是为了动销而铺货。所以，对于这些赊销进去的店，我们必须围绕这些终端做终端主动推荐工作，做消费者愿意主动购买的工作。如终端氛围打造、消费者促销活动、源点人群开发与培育、终端客情公关维护等，只有做好这些工作才能确保产品动销并非难题。让赊销控制在自己能够掌控的范围内，而不能为了铺货率大面积地赊销铺货。

2. 质量与数量火候的拿捏不准

销量的总和是由区域市场上所有单点售点累积实现的。而当铺货在区域市场上的广度不够时，单点累积的销量无疑是很少的。

当铺货的广度不够时，在区域市场上的影响力也会比较小，消费者能见度低，因此对售点的拉动作用比较有限。

虽然许多企业在做市场，虽然知道重点打造核心有质量的客户，但是却不知道何时快速拓展其他终端。早了，其他终端也不能上量，而核心终端因为有意见而开始放弃主推，导致市场不温不火。迟了，虽然市场消费形成气候，但其他终端因为没有货，就会想办法弄到货。这样容易造成价格混乱，价格一旦乱了，必然影响核心终端，最后核心终端意见重重，其他终端管理不易，必然遭遇阵痛。

什么时候才是恰到火候呢？当一个区域能有30%的终端主动找你要货的时候，说明消费者主动购买的趋势在快速形成。这时，对于其他终端要逐步展开，但要制定好政策与维护标准，不能冲击核心终端的利润，因为它们毕竟还是主战场。

还有一种可怕的现象，原来就几十家卖，销量很不错，后来网点多了，销量反而下降了。原因就是放开了终端数量，而核心终端不怎么卖货了，其他终端的销量弥补不了核心终端的销量，市场热度过去了，产品就开始走下坡路了。

3. 铺货力度大的后遗症

许多企业或经销商，为了加快铺货速度和降低铺货难度，经常会采取大力度的政策促销。这种促销力度稍不留意就会占据比较大的费用率，甚至占用所有的促销资源，直至亏损。因为产品的价格空间是有限的，因此市场促销费用的空间和利润空间也是有限的。

而有些终端为了动销，往往只要求一定的利润，把价格降下来销售，结果那些想要高利的终端也被迫降低利润销售。市场价格混乱，产品还没火起来，就进入死亡倒计时。

当终端二次进货，依然要求给予可观的渠道促销，否则他们不愿意接货。而这时产品空间因为价格的下滑而被压缩，无法支撑或满足终端要求的促销空间，甚至把做消费者促销的空间也压缩了，结果相互僵持着。

由于产品还没形成消费者主动购买的趋势，对于终端来说，依然没有多少积极性，产品处于可有可无的尴尬境地。

所以，我们对首次铺货的力度一定要控制在合理的范围内，不能为了追求铺货的速度和降低铺货的难度而使首次铺货的力度过大，长期来说会影响以后整体的对渠道、对终端、对消费者的促销运作。

4. 只知卖货不知促动，市场死气沉沉

市场上是不缺卖货高手的，再牛的店，再不匹配的店，他们都能凭借三寸不烂之舌，让终端现金接货。但是他们的缺点是只知道铺货，一点不关注产品动销情况，更不愿意做产品助销工作。这些人来到店里，一般就是问产品卖得怎么样、要不要进点货，终端如果还有货或者卖不动，他们就会展开忽悠之术，让终端接货。

如果终端拒绝，他们立刻去下一家。这类业务人员就是企业的祸害，但是现实中许多经销商及企业却特别喜欢这类业务人员，结果造成产品越卖越难卖，最后死掉。

5. 铺货时机的错失不可怕，可怕的是不知因时而变

所有产品根据季节的变化都有淡旺季的区分，所以才有了淡季做市场，旺季做销量的说法。

任何一种产品都有自己的成长周期，铺货期、市场基础维护期、动销期、上量期，在一个年度里都有相对固定的时间段（当然也有特殊情况出现，但不是主流）。

通常白酒在每年的7—8月份左右致力于市场基础建设，9—10月份进行终端促销和持续动销，如果被延后就有可能直接影响当年度的销量。因为消费者在10月份左右就已经对当年的白酒消费形成了一定的认知（喝什么酒基本定型），当年度市场白酒的主角已经基本确定。

如果产品在10月份以后才上市怎么办呢？这个时候一定要聚焦，选择聚焦区域或者选择聚焦核心终端，聚焦推广等，快速围绕这些聚焦的终端或区域制造产品的动销势能。这些不但能够给旺季带来销量，而且在春节后淡季来临后，我们开拓新的区域或终端降低工作难度，也不会因为产品动销难，而被商家看不上。

6. 重拉力轻推力，导致地面跟不上，市场不作为

新产品对市场的切入，主要是通过空中传播形成拉动，地面依靠铺货、销售网络搭建、促销等形成推动，在这一基础上形成推拉结合的动销。很多情况下地面的推动因为产品在终端有陈列、通过销售网络有畅通的供应链有针对消费者和渠道的促销进行动销，所以地面的推动是可以形成一定的动销结果的。

许多企业或经销商以为只要一打广告，产品就会自动卖起来。那个时代已经过去了。

其实，即使广告满天飞，地面的推动也必须依靠组织与销售计划的配称、资源的配称、人力的配称、渠道的配称等来实现。所以，当地面的很多配置与市场需要不契合的时候，就无法在地面将产品快速展开，也就没有办法呼应空中的传播宣传。即使完成了铺货，也会因为组织、资源、渠道等方面与市场需求不契合，而导致整个产品分销、促销体系难以建立，最终不能实现动销。而渠道客户也会因为这些原因对产品有不好的看法，信任度降低，最终不能实现产品的动销和上量，甚至在市场上死掉。

7. 都是无效网点惹的祸

许多经销商甚至企业，都非常迷信铺货率，盲目地追求铺货率，仿佛有了铺货率就占领了市场。这种错误认知是建立在产品有大传播、大推广的前提下，产品的动销基本上靠品牌拉力的影响。

而现实市场竞争中，许多产品是不具备优势的，很多终端的销售形态也是不同的。很多终端售点因为位置、客户的收入层次、店内的主营产品、售点的销售形态（零售、批发）、老板的人缘等情况而产生不同的销售结果。

有些店面很可能不是我们在市场切入阶段首选的、匹配的终端售点。铺货到这些无效网点，产品根本不会动销，而大量的售点不动销就会造成产品积压、渠道信心下降，产生产品乱价行为，最终形成大家都认为这个产品不好卖的认知。

这些低活跃度的终端，只是我们下一阶段工作的主要客户，初始阶段依靠核心网点的带动，它们也会有一定的销量。

8. 节奏不分或者根本没有节奏

许多企业虽然明白铺货过后要做一定的动销工作，但分不清具体的节奏，胡子眉毛一把抓，搞得很热闹，但动销并不理想。

比如铺货后要先营造终端氛围，这样利用终端推荐，利于消费者接受；营造氛围后，要做终端主推动销奖励工作，这样能够驱动终端推荐的积极性；终端主推奖励设计后，要做消费者促销或推广活动，这样利于终端推荐和销售。

只有有条不紊地做这些工作，才能保证产品的快速动销，否则，很容易造成产品动销吃力。

9. 战线拉得太长、太宽被活活拖死

我们经常看到许多经销商或企业，一年四季都是处于铺货状态，区域广、无重点、撒胡椒面式不停地铺货。结果没有多少有起色的市场、有起色的终端，慢慢地，自己的队伍养不起了，人心也散了，越做越难做。

唯一的解决办法就是聚焦，聚焦区域、聚焦人力、聚焦资源，重点打造，方有机会胜出，否则就会被活活熬死。

五、相对比较理想的铺货

1. 淡季完成铺货

只有在淡季完成铺货，才有时间在淡旺季过渡的时间段进行空中传播、终端促销、人员拦截及消费者拉动促销，并最终在旺季上量。如果过度延后，当终端都被各种产品充斥的时候不仅铺货难度会增加，产品也会因为竞品的大量促销攻势导致自己"无人喝彩"。而渠道、终端促销和消费者的培育期，也会因为时间上的困难而无法做深、做透，最终影响旺季的上量。

尤其是酒类产品，消费者容易形成口感上的习惯，一旦习惯了某种度数或香型就难以改变。通常来说，消费者在10月份左右就会形成"今年喝什么酒"的心理暗示。如果在这一时间还没有建立消费者的培育工作，今年的销售可以说"大势已去"。所以，淡季是铺货和进行终端动销工作的最好时机。

2. 快速、集中，声势浩大，铺货本身就是一种宣传

快速的铺货行动会给人留下产品品质优良、政策优惠、厂家实力雄厚的印象，所以，客户和渠道的信心都会增强。拖沓的铺货行动落在渠道和客户的眼中就是产品不好、厂家实力不够的明显"症状"，他们显然会对产品失去兴趣，造成大家都不愿意卖的结果。

集中的铺货行动能够使有限的费用、人力、物料得到最充分的使用，使得铺货效率和效能提高，充足的支持和后勤保证也会使整个行动声势浩大。充满斗志的铺货队伍、积极高效的工作、充足的资源、高涨的声势也会体现公司的专业化精神和积极的、良性的企业形象，更容易被渠道和客户所认同，所以，我们说铺货本身就是一种宣传。

3. 现款现货率高

首先，只有现款现货终端售点才要承担"自负盈亏"的风险。在这样的压力下，售点老板才会主动向消费者推荐，而老板的推荐是消费者觉得可以信赖的，由此可以产生产品的动销。

其次，只有现款现货公司或经销商的资金才会及时得到回收，资金才不会有跑单的风险，可以有效地提高资金的滚动频率，带来更多的回报。同时也会提高经销商的销售积极性，提高经销商的配合程度，各项工作更容易开展。

4. 点面结合，面足够广，点足够好

如上所述，区域市场的总销量是由单个售点的销量组成的。而在区域市场上只有当动销情况良好的单个售点（核心店）足够多时，才会在面上形成影响力，只有在面上形成影响力和动销，产品才能存活下去并使上量成为必然。

否则，只有少量的售点动销而大部分售点未动销，就会形成产品在大部分售点的积压；也就是说，如果面很窄的单点动销情况再好，也不会在整体市场上形成影响力，最终无法上大量。

5. 后续动作紧凑，实现快速动销

当铺货完成后，如果后续的终端促销或消费者促销不能及时跟进，就会造成产品在售点的动销无法推动，产品在售点会逐渐从新产品变成积压品。

铺货完成后，如果不能根据实际情况及时完成适合当期产品销售需要的销售网络建设，终端一旦没有货源补充就会很快沉寂下去。在宣传上及时跟进也会有"趁热打铁"的效果。

所以，只有在铺货完成或基本完成的时候，及时跟进后续的促销、宣传和基础建设动作，才能实现好的、持续的动销。而且此时铺货的宣传影响力还在发挥作用，产品也比较新鲜，售点和渠道的积极性还比较高，就更加容易实现快速的动销。

第二节　二八法则

二八法则其实就是一种核心或者聚焦法则，核心业绩往往是通过核心产品、核心业务、核心终端、核心消费者有效地管理或控制而创造出来的，尤其是新产品教育阶段更是离不开二八法则。

在新产品上市阶段，核心主导产品占据80%的销量，核心区域贡献着80%的销量，20%的业务人员贡献出80%的销量，20%的核心终端贡献着80%的销量，20%的核心消费者将引领80%跟随者的消费，所以，对于产品的动销，抓住了二八法则，用活了二八法则，成功的机会就会很大。

一、核心产品确定

没有核心产品的确定，就无法实施资源聚焦的落地。只有首先确定了主导产品，我们才能重点围绕这款产品进行市场运作，实现快速动销，杀出一条血路，最后得到整体销售增长的效果。

如何确定核心大单品呢？三个关键要素，决定了一个产品能否成为核心大单品。

（1）**有消费机会的价格带**。一是这个产品的价格带属于消费主流价格带，同时不是竞争特别激烈的价格带，有一定机会；二是抓住消费升级的趋势，即使这个价格带还没有成型，但一旦培育有很快成型的机会。

（2）**产品差异化**。这个差异化首先是包装的差异化，无论颜色还是形状，要有鲜明的差异化，或者工艺、口感的概念等有着鲜明的差异化。只有这样的产品，才容易在消费者心中形成独特认知，才具有成为战略单品的资格，才容易成功。

（3）**有充足市场运作空间**。当今市场，竞争恶劣。任何一个产品的成功，除了定位的成功，更离不开市场运作的成功。而市场运作的成功，离不开资源的投入，没有资源，巧妇难为无米之炊。资源源于产品的预留设计空间。空间大小，决定资源的多寡，决定产品被投入的价值。

现实证明，往往主导的核心产品，承载着企业或市场的绝大部分销量。

二、核心区域突破

核心区域的定位源于两点：一是到鱼多的地方捕鱼；二是到容易捕鱼的地方捕鱼。鱼多说明消费基础量大，容易捕鱼说明要么有资源优势，要么竞争激烈程度不高。

企业可以根据自己的优势，聚焦资源到某一个乡镇、某一个片区，也可以聚焦在某一个渠道上，以此为切入点，让这个区域先快速动销、快速突破，然后再逐一复制，逐渐打破市场格局。

永远不要轻视聚焦核心区域突破营销模式，表面上全面铺开，应该收获比较大，但现实证明，全面撒网不仅浪费人力、物力，还没有一个有亮点的市场，没有一个突出贡献业绩的市场，甚至十个市场的销量也不如一个聚焦核心区域的销量多。

三、核心终端打造

1. 核心终端选择

在打造核心店时,有时选择大于努力。理想的核心店要符合以下四点要求:

一是目标竞品的畅销终端,匹配本品切入的目标消费群。高质量的终端往往是兵家必争之地。

二是有实力、有动力、有潜力、有影响力。实力指资金,能够一次性满足打款要求;动力指意愿,处于成长期,没有单独的品牌,能被利益诱导;潜力指有成长空间,值得长期培育,共同成长;影响力是指对终端具有拉动作用。

三是有思路、有远见,愿意接受新的品牌。

四是有信誉、有职业操守。核心店的政策相对较大,如果终端操作不规范,会对市场价格体系形成伤害。

2. 终端氛围打造

俗话说:"好的产品会说话。"同样的道理,"好的氛围营造更会说话,也有利于促进销售"。实际上,氛围的营造是持续性的工作,终端氛围的建设应该生动化也易于被终端店接受,在最有限的空间做出最有效的宣传,在最优化的投入下取得最大化的市场效果。

一是抢占优势位置、优势店面,制作店招门头。

这是终端氛围营造的重要环节,店招、门头的制作必不可少;门头招牌的直接影响力是很明显的,宣传直观,容易拉近与消费者之间的距离。

另外,门头多,还能表明这种酒已经"占领"了这个城市。抢占关键街道的黄金位置是最有效的品牌形象宣传方式。

二是核心终端氛围装饰无死角覆盖。

抢占终端氛围营造，就是抢占市场制高点。针对核心终端进行全方位的氛围覆盖，这是产品最佳的推销方式。灯笼、灯箱、KT板、条幅、门推、吧台收银台装饰等物料，尽可能地保持连续性，形成视觉冲击力。

3. 产品陈列最大化

陈列是向消费者直观展示产品的重要通道，也是刺激终端销售产品的重要因素。白酒产品的陈列竞争白热化，很多终端店的货架俨然成为终端的一大利润来源，白酒进店陈列的成本也水涨船高。

大的陈列依然是产品动销的一大制胜法宝，最大限度地创造核心店的产品陈列最大化是业务人员的最基础工作。

一是买断陈列。

为了最大限度地狙击竞争产品，通过对终端店内货架按照时间段进行一次性买断，现金或者货物抵冲买断费用的形式（此种方式市场投入费用较大，终端配合度较低，推广难度较高，适用于根据地市场或者当地市场成熟流行产品）。

洋河蓝色经典系列2013年在××市场面临仰韶彩陶坊的强势竞争，终端店老板改推其他竞争产品，洋河在当地市场份额大幅度下降。对此，洋河在2013年年底在该市场执行买断陈列政策，30天内执行了40家买断陈列（当地终端店120家左右，主柜台全部摆上洋河系列产品及葡萄酒，陈列时间2年，以产品抵扣），强大的陈列活动刺激和陈列氛围扭转了局面，重新成为当地销量第一白酒品牌。

二是专柜陈列。

广义的专柜陈列又指品牌陈列，白酒专柜陈列是在烟酒终端店内通过陈列费用或其他方式获得的整节货柜，按照协议要求摆放同一产品或同一公司所属产品的方式，一般的专柜陈列为1~2个专柜，陈列时间为3~6个月。对于当地比较强势的产品或者成熟产品，厂家会进行全年的专柜陈列（此种方式对强势地产酒、区域流行外来品牌多采用此种方式，陈列效果好）。

古井年份原浆系列2010年开始登陆××市场，其铺市的第一步进行的是排面陈列（摆一排面6瓶、6个月后归陈列终端所有），前期市场一直不温不火。2013年，古井在当地调整思路，理顺厂商关系，布局新商家，为应对洋河在终端买断陈列的强势封杀竞品的措施，古井针对核心终端进行专柜陈列（每月三瓶年份原浆5年），提升了核心终端销售古井的信心，进一步维护了客情，也对洋河的陈列式封杀起到了很大的抵制作用。

三是堆头陈列。

堆头陈列的作用有两方面：一是针对消费者，营造产品旺销的氛围；二是针对终端，通过占用店内空间，起到狙击竞品、形成对终端店老板的销售压力（从目前的市场形势来看，堆头陈列在实施过程中难度在加大，堆头陈列需要大规模的压货作为前提，而目前由于市场销售形势的压力及资金压力，终端店开始转向"短平快"的进货模式，一般成熟产品或者畅销产品采用终端接受较为容易的堆头陈列，堆头陈列形式很难在终端大规模开展）。

消费者在终端购买产品很大一部分是受到产品的消费诱导宣传，

因而赋予产品具有消费诱导的宣传尤为重要。针对新产品可以在陈列柜上设置"店长推荐产品"宣传牌；针对成熟产品设置"本店热销产品"等宣传牌。

4. 终端拜访管理

一是实行严格的区域划分。

做到定人、定域、定点、定线、定期、定时的细致化业务拜访和日常管理。

二是严格执行时间管理、过程管理和目标量化管理。

时间和过程管理：把每天的工作时间合理分配，并标明交通时间、拜访时间。明确每天要处理的问题、问题处理的对象、采用的方法及沟通的内容、处理的结果、回访建议等。

目标量化管理：明确每家店的月度销售目标，并细化到每周；明确业务人员所要完成的销售目标、客情目标；明确促销员所要完成的促销目标、常客发展目标及客情目标；时间目标：核心店目标细化到每三天，核心店目标细化到每周，以时间目标为评估调整周期。

三是业务人员拜访频率控制。

核心店：每人负责5~6家，拜访频率每天1次。

重点店：每人负责12~15家，拜访频率每天1次。

四是业务人员的拜访内容（一店一策拜访）。

竞争产品信息：了解前三位竞争产品每日动销情况、促销活动情况、陈列情况、兑奖情况及方式等。

陈列情况：核心店每天检查产品陈列、促销物料摆放及价格标签明示。

本品动销及库存情况：核心店每天了解本品销售数量及品种，

客人及终端评价，竞争产品抢走本品销售机会的原因及本品销售障碍，检查了解该店库存情况并建议是否补货，保证餐饮1.5倍安全库存。

5. 搭建宴席桥梁，拦截市场终端

目前市场酒品消费不景气，宴席成为各个品牌动销突破、销量获取的关键口。所以，锁定主推产品，制定相对固定和可持续执行的推广政策，并将促销信息传达到所有目标终端。

核心终端：只负责推介（获取中介费），不负责产品销售。

宴席价格：等于或稍低于终端零售价格。

中介费：按宴席价格的10%~15%执行，刺激烟酒店主动推广。

宴席政策：公司指导意见或结合当地消费习惯制定。

事实证明，企业只要能够深度考察、深度分类、把握核心、标准化建设、精细化服务这些核心终端，还是能够创造出非常可观的价值的。

四、核心消费者公关

核心消费者公关是一个与人打交道的工作，很难有章法可循，但如果没有章法，单凭个人判断做事，必然胡子眉毛一把抓，多花不少冤枉钱。在进行核心消费者营销时，采取"公关营销"为主线，最大化地整合"SNS社会关系网络"，建立团购对象数据库，定标准管理办法，定圈子、定系统、定人、定利益链、定职责地进行服务跟进，不断完善团购数据库，不断优化团购客户人群或组织，提升公关团购质量。

笔者在服务一家区域白酒企业时，就建立了400多个核心客户的数据库，几乎覆盖了整个市场的核心消费人群。其中，包括副县级以上政府领导、企事业单位负责人。针对这400多个核心客户，我们组建了30多人的大客户经理团队，由客户经理专门负责核心客户的客情维护、公关团购和后备箱工程的推进。力争让这400多个核心客户完全成为该品牌的忠实消费群体，并由他们带动产品在政务、商务用酒市场的销售。

1. 先公关后团购

只有对单位领导做到了充分而良好的客情公关后，才具备了团购的条件和动力。如果不进行有效的客情公关便开展团购，成功的可能性将大大降低。尤其是强势集团中核心人物的公关，能够拉动权贵、富裕阶层进行消费，培养长期忠诚的消费群体。

2. 建立关系，纵向深耕、横向发展

当成功地对一家企事业单位进行了团购工作之后，一定要充分利用此单位领导人的人脉关系，对此单位的其他直系单位开展公关团购工作，将整个系统做深、做透；利用这个领导的朋友或业务关系渗透到其他单位或系统，将其他单位或系统开发出来。

3. 公关顾问团（只公关，不团购，拿公关费用）

当地政府部门的退休干部，或者企事业单位重要人物，社会关系网宽，能量大，是众多交际圈内的意见领袖。他们能持续性协助企业进行各个单位的公关活动，对企业和品牌忠诚度较高。企业聘其为公司顾问，通过公关顾问的社会关系，公司能够掌握当地核心消费人群的翔实情况，为市场拓展和数据库建立奠定基础。

4. 酒店常客公关

餐饮促销员在日常工作中收集品牌常客信息，并向销售部、公关部进行反馈。收集途径：查看酒店的定餐电话登记簿，向店内主要负责人、服务员打听。收集常客的姓名、电话、背景、联系方式、主要用酒的价位、品牌、用量、单位地址等，建立核心消费者资料库，根据名单定期拜访，以经常性赠礼或赠酒方式进行客情维护。针对常客中地位较高、辐射能力较强的消费者，可以择情将其聘为品鉴顾问。

5. 协助烟酒店做好公关

能够开名烟酒店的老板都或多或少有一些社会关系，要想维持好这种关系，这些名烟酒店的老板每年也要花费一笔不小的开支。如果协助店方做这项工作，不但可以减轻名烟酒店老板的客情费用压力，通过这种维护工作我们还可以巧妙地把名烟酒店的这种与单位关键人物的关系纳入到我们统一的管控中，使之成为潜在的核心消费领袖。

如联合名烟名酒店，定期举行客户联谊会。老乡会、同学会、战友会，不定期的客情联系，"专制贺卡"等都是挖掘新客户和获得团购信息的重要来源。在团购客户生日邮寄祝福贺卡，专制各种新颖的小礼品（譬如精美笔筒等）营销，是加深烟酒店和团购客户对产品、品牌印象的技巧、方法。

不要对烟酒店的背后网络资源进行占有，而是要共享，并且在这一过程中让烟酒店真正享受到利润和实惠。"过河拆桥"是所有烟酒店老板最担心的，只有消除了烟酒店老板的顾虑，他们才能全面配合厂家的市场开发工作。

6. 金卡会员

在当地经销商的配合下，从信誉好的企事业单位中找到应酬比较多的人，把他们发展为金卡会员，先送酒免费品尝、建立关系，再在节假日、会员生日给予短信祝福、送酒、贺礼等，提供优惠服务。

7. 小型品鉴会

一是"请进来"的品鉴会。由经销商或品牌顾问等邀请以品鉴酒为主题的宴会。对目标消费群体进行集中的品牌宣导；使我们的产品与目标客户直接见面，加深其对产品的认知度（体验式营销）；寻找和发掘潜在团购客户资源及招商。

注意事项：小品鉴会要分系统、按顺序依次开展，不要把很多不同单位的客户召集在一起，这样不利于沟通；小品鉴会尽量每次请一桌，最多两桌；便于照顾到每位客户并进行一对一的沟通，每次以一个或者两个核心领导为重心邀请相关目标群体参加小品会。

二是"走出去"品鉴会。以赠饮用酒的方式参加目标客户集中的小型的宴会。如"重大节假日免费派送活动""重要人物家庭婚庆免费送酒"等活动，让他们成为喝酒的主流消费群，以此来引导其他消费群体，逐渐形成消费酒的消费潮流。

营销大师菲利浦·科特勒针对中高档品牌的推广，强调了"意见领袖"的重要性：首先启动占目标人群总量1%~2%的"意见领袖"，通过口碑传播和自上而下的影响力，带动15%的革新型消费者，最后影响40%~50%的跟随型大众消费群，并最终促成产品全面流行。

第三节 让客情更有生产力

高效的客情并非仅仅源于物质利益的多寡，而在于客户认为你存在的价值。所以，客情绝对不是简单地拜访、服务，那是大品牌、畅销品牌做的事，而对于弱势品牌，除了基本的拜访、维护、服务，还必须做到"要想甜加点糖，要想咸加点盐"，客情关系的深浅在于你的与众不同，在于你给客户创造更多的价值。

一、客情的生产力

好客情更能创造大销售。销售终端要抢，销售客情要强。甚至终端客情比拼抢终端更重要。

一是如果没有良好的终端客情，各项终端工作就难以顺利开展。

二是如果没有良好的终端客情，有些终端投资就难以发挥作用，而良好的终端客情就能够使终端投资的效益最大化。

三是终端客情本身就具有直接的终端销售力。

良好的客情会事半功倍。

如产品推荐上，终端愿意向消费者推荐你的产品，并积极销售你的公司推出的新产品。

如产品陈列上，终端愿意让你的产品保持较好的陈列位，主动做好理货与维护。

如生动化布置上，终端愿意让你张贴POP广告，并阻止他人毁坏或覆盖你的POP广告。

如促销活动上，终端愿意配合你的店内促销员和店面促销等活动。

如产品动销上，终端愿意接受你的销售建议，愿意在你的产品销售上动脑筋、想办法。

如进货回款上，终端愿意按时结款并积极补货，防止断货或脱销。

如信息搜集上，终端愿意向你透露有关的市场信息和动态，尤其是竞争对手的情况。

如消费者服务上，终端愿意积极主动地处理消费者对你的产品的抱怨。

有时，感情关系可以弥补利益的不足，并容易谅解你的一时疏忽和过失。

市场越淡，季节越淡，客情越是首要工作，甚至超越压货。因为这时有客情才有销售，销量是抢来的，不是压来的。

二、客情的两大支撑点

一是物质层面的，在常规渠道进货促销外的额外支持问题，如赠酒、小礼品、消费者品鉴甚至促销员支持等。

二是源于精神层面的，如对客户关心、重视程度，与客户有着共同的爱好或语言，每次拜访都能给客户带来建设性指导与建议，并不一定是关于本产品的，而是关键客户生意层面或者生活层面的建议。

三、客情是跑出来的

终端客情是跑出来的，终端拜访是维持良好客情关系的基本方法，良好的终端客情关系永远属于那些勤奋的终端业务人员。

终端客户绝对不会看你的职位的高低而决定帮不帮你卖产品，而是看和你熟不熟，关系好不好。

有些企业的领导下市场一线检查终端工作时，来到终端亲自动手做陈列，但因与终端的关系不熟，有的就被老板或店员制止，这样的情况还为数不少，而这些事情最后就由一个小业务人员轻松搞定了。

所以，要保持与终端的良好客情关系，就要做好终端的日常拜访工作。在做好终端拜访的同时，终端业务人员要多掌握终端店核心人员的个人资料，如家庭情况、性格、爱好和生日等，并建立起详细的客户资料与档案，逢年过节或不定期地赠送一些小礼品，生日时送上一份礼品和问候，帮助客户解决一些力所能及的非工作方面的事情。相互间的业务关系发展成为私人间的朋友关系，建立起朋友般的感情。

终端客情是跑出来的，但不是一朝一夕能做到的，关键在于要不折不扣、不断循环地进行终端拜访。终端拜访是一个没有终点的马拉松，是一项长期、持续的工作，永远没有松懈的时候。

如何才能保证不折不扣、不断循环地进行终端拜访呢？企业就必须建立一套"跑店系统"，依靠系统来进行管理，依靠系统来进行不断循环运作。

"跑店系统"的常用步骤包括：

（1）建立详细的终端档案，内容包括终端的名称，地址和营业面积，店员的姓名、生日等。

（2）把市场划分为几个区，为每个区配备相应的终端业务人员。

（3）对终端进行分级，把零售终端分为 A 类、B 类、C 类。

（4）根据终端类别合理确定拜访周期，设定相应的拜访频率。

（5）绘制终端分布图。

（6）制定终端拜访路线图。

（7）制定"拜访流程"，规定到一家终端要做哪些工作、如何做及要达到什么标准等。

不要轻视这些基础流程和标准，做出规律和节奏后，你会感觉既轻松又受益无穷，但这些不适合新产品阶段与活动突击阶段。

四、活动联谊

活动是一种很好的终端客情建立手段，活动为企业与终端之间提供了一个沟通与交流的平台，在活动中增加了彼此之间的联系，拉近了彼此之间的距离。但凡产品能够产生持续动销，基本上都满足了终端的利益和情感法则，绝对不能忽略核心大户的影响力量，要巩固客情，提升动力。对于核心客户有事没事常聚聚，重视别人才能换来别人的重视。策划联盟联谊活动一定要师出有名，销售与娱乐、学习相辅相成，共同进取。企业可采取灵活多样的方式，定期、不定期举办各种活动，如座谈会、联谊会、终端庆功会、旅游活动、酒厂参观活动、品鉴会、学习讲座、订货会、新产品发布会、新产品评估、圈子聚会、有组织学习等，活动中间还可穿插一些抽奖、抓现金等娱乐性活动，通过这些活动既能联络感情、加深了解，又能宣传企业和产品。

下面简单列举几种形式。

1. 培训旅游增进感情

在条件允许的情况下，将终端商聚集在一起组织旅游活动。在旅游的过程中，选择一家酒店集中对他们进行有价值的培训，让终端商不仅能游玩还能学习到卖产品的知识，同时还可以拉近和终端商的关系，这也是客情维护的一个有效办法。

2. 回厂参观增强信心

定期组织终端商到公司进行回厂之旅，然后由公司全程接待。同时要安排公司专职服务人员给终端商讲解产品的生产流程、企业文化、产品历史等内容，让终端商更深入地了解产品的优势和企业的优势。同时在终端商向消费者介绍产品时，更能增强产品的说服力。回厂之旅需要经销商和企业共同协作完成，从客户邀请到客户返回都要有具体的流程。同时确保客户回厂后能有所收获，对企业和产品有更深的认知。

3. 圈内人士定期联谊

对终端商的个人喜好进行整理，找一些爱好相同的终端商，定期开展一些联谊活动。比如爱打篮球的终端商组织"××品牌杯篮球友谊赛"，可以设置一定的酒水作为奖品；爱好下棋的也可以邀请到一起做一场比赛的联谊活动。总体来说，就是要挖掘客户的爱好，然后定期组织有目的性的活动，从而拉近客情关系。

4. 有计划性地开展答谢会

为了体现厂商互动，对终端客户的重视与关爱，有计划地开展客户答谢会。如针对签约核心网点，筛选出完成累计奖励最低坎级的终端门店，加上没有签订累计奖励协议的但是达到累计奖励协议最低坎级的终端门店，集体邀约开展小型答谢会，慢慢将答谢会演变成小型订货会。

五、做好终端支持工作，才能保证客情不贬值

做好终端客情，不能仅靠单一的物质刺激或小礼小节的情感投资，要建立起稳固持续的终端客情关系，还需要企业为终端提供系统的支持和良好的终端服务。

帮助终端就是帮助企业自己。企业为终端提供系统的支持与服务，不仅可以提升终端客情、增进双方的合作关系，还可以有效获得终端的促销空间和展示资源，从而有利于促进产品销售，提升销售业绩。

1. 向终端提供销售支持

作为企业，积极帮助终端提升销售业绩是应尽之职责，向零售终端提供的销售支持主要包括以下内容：

（1）向终端提供广告支持。

（2）向终端提供产品展示陈列、现场广告和售点促销等助销支持。

（3）人员支持，派驻促销，驻点促销。

（4）向终端提供销售工具和设备的援助，比如免费提供货架、冰柜和店招等。

（5）及时送货，保证货源，随时掌握终端的合理库存并且补货及时。

（6）协助终端将产品上架，并做好理货和维护的工作。

（7）及时退还货，调整终端的滞销库存。

（8）做好售后服务，及时主动地处理好消费者的抱怨与投诉。

（9）经常与终端沟通，及时解决他们在销售中遇到的困难和问题。

2. 向终端提供经营指导

除向终端提供销售支持外，企业还应尽自己能力，向终端提供与经营有关的指导和辅导，针对终端经营中的问题提出一些合理化建议，帮助终端解决一些经营中的难题，从而帮助终端增强销售力和竞争力，提升整体经营水平。

比如在店铺装潢、商品陈列、合理库存、提升销量、节省费用、增加利润、广告策划和促销方面，给予终端指导和辅导。"投之以桃，报之以李"，终端受益于企业的指导，企业就能从终端那里获益更多。

3. 分享其他卖酒终端的经验

成功经验是指成功卖酒的经验，在走访终端的时候要经常搜集终端老板成功卖酒的做法。比如终端老板是如何给消费者推荐的？如何做了一次陌生的婚宴卖酒？如何挖掘团购资源？然后将其整理成规范性的话术，在和一些客户沟通的时候，将这些具体的方法告诉他们，将这些成功经验分享给他们，这时客户肯定会对你的服务和人品给予肯定。

六、利润保证，终端客情牢固持久的基础

客情关系可以弥补利益关系的不足。但客情关系不能代替利益关系，没有利益保证的客情关系是不牢固的，也是不能持久的。

客情关系要做到牢固和持久，利益保证和情感沟通两者缺一不可。但利益保证始终是第一位的，情感沟通是第二位的，企业和终端之间最终还是以利益为契合点，利益才是硬道理。

企业要满足终端对利润的要求，保证终端合理且持续的利润，企业要科学地制定价格政策，保证终端合理的单位利润；要促进产品的销售，提升销量，使产品畅销，保证终端的总量利润；要管理好价格体系，保证终端的持续利润。

另外，企业还可想方设法为终端寻找新的利润增长点。

核心价值详细讲解。在拜访终端时，最重要的是要把你产品的亮点之处以及你的产品和其他同价位产品的不同之处，比如生产工艺的差异化、储藏的另类化、合作企业的福利等，要反复说，让终端老板可以从内心感觉到你的产品的核心价值。同时他在向消费者介绍的时候，可以直接引用你所阐述的产品核心价值。

利润要详细分析。在拜访终端时，一定要帮助终端老板去核算经营你的产品的利润是多少，比如卖5箱赚多少钱、卖10箱有多少返利、陈列3个月给价值多少钱的货品。要将具体数字呈现在终端老板面前。

平时还要去调查竞品的产品利润，它的价差是多少、返利是多少，我们的产品和其他产品相比利润优势在哪里。不要给终端老板说大概赚多少钱，要用具体数字给终端老板讲解。

七、功夫在细节，花点心思有奇效

1. 真心把客户当朋友相处

要想维护好终端客户客情，必须从内心上把客户当成自己的朋友来看待。平时可根据客户的需求赠送一些小礼物。切记礼物一定不要太贵重，要简单、实用、有意义。比如你在得知客户的儿子（女儿）要参加中考或者高考，你可以到书店去购买一些考前冲刺的书籍和资料作为礼物赠送给终端老板，这时客户会感觉你很用心。你得知某个客户有一些病症的困惑，你可以在网上找一些治疗的办法，将其整理成文发给终端客户。这时客户会感觉你和他不仅仅是生意上的伙伴，更是生活中的朋友。当然，小恩小惠是需要你用心去挖掘，才能找到客户真正的需求。

2. 节日关怀不要忘

做客户的客情维护工作，要了解老板的生日、老板娘的生日、他们的结婚纪念日、他们小孩的生日、他们父母的生日等。建立相应的数据库，在特定节日或者节假日的时候，以公司的名义或者业务人员的名义向客户发送祝福慰问短信或者赠送小礼物。虽然祝福的分量小，但是给客户的价值大，是客情维护中最简单、最有效的客情维护手段，同时一定能给予客户意外的惊喜。

3. 多种问候要有情

我们作为社会属性的人，都是有感情需求的。人的情感需求包括两个方面：一是对亲情、友情的需要；二是对归属感的需要，也就是人们希望自己归属于某一个组织。

销售人员的节假日问候可以满足经销商的第二种需求，即归属感需求。这里要注意的是，春节期间的电话问候要以真心祝福为主，要与经销商在私人感情上达到共鸣，弱化工作氛围，强化感情印象。要以"嘘寒问暖、用心关怀"为主要内容，切记不要简单复制内容，不要太肉麻，以免给人虚情假意之感。

4. 重点客户勤走动

其实，有时候拜访经销商要像走亲戚一样勤。再近的亲戚，三年不走动感情也会淡化很多。拉近与客户感情的最有效方式就是常走走，尤其在春节期间，一方面，可以建立彼此良好的私人感情；另一方面，也可以使客户感到受尊敬，对后续的产品销售更有干劲。

5. 活动奖励当面给

每到年底，一般都会兑现活动奖励。答应客户的事情一定要及时做到，比如一些小的奖励一定要当面给客户兑现，如果无法兑现，一定要给客户确定兑现时间，并且保证按时完成。针对具体的活动奖励内容，不要直接将政策直接交给客户让他看，要给客户解释、分析，给客户详细讲解整个活动对他们的好处，他们的利益在哪里。

6. 大活小活，遇到则干

平时业务人员到终端的时候，经常会遇到终端老板在搬运货物的情况，或者正在整理自己店内的产品。如果遇到这种情况，要直接放下自己的回访单，放下自己的广告宣传物料，协助客户做一些力所能及的活，好像你不是一个业务人员而是他的一个店员。

当你帮助终端老板做完这些活的时候，相信接下来你再和终端老板谈什么事情，你都多了一个筹码。虽然是一件小小的事情，也会让终端老板感动。无论是业务人员还是经销商老板，在跑终端的过程中，一定要多观察，多去为终端客户做一些力所能及的事情。

7. 成功经验多分享

作为一个业务人员，平时要经常总结一些生意比较好的终端的生意经，以及他们经营的特色、特点等，甚至在一些专业媒体上搜集一些如何做好终端生意、如何引来新顾客、如何留住老顾客的观点或经验。在拜访终端时，和一些有这样需求的终端进行分享、交流，这样不仅能够加深客情，还能让终端老板心怀感激，自然能够主推你的产品。

如某业务人员发觉某餐饮店所处的商圈位置不错，但生意不太好。他想要么是老板为人处世不行，要么菜品没有特色。几次了解后，发现问题出在菜品上。于是，他在和老板聊天时，提到在某地方，他的朋友开了一家这样的店（其实，只是他们的终端客户），生意很不错。他邀请这个老板到朋友店里体验一下，该老板通过到朋友店学习，找到自己的不足之处，生意逐渐火起来了。于是，这家店成了这个业务人员的产品专销店。

8. 个人嗜好多交流

要做到全才。什么叫全才？全才就是各个行业你都要有一定的了解，无论终端商有什么嗜好，你都能和他侃上一会。

比如老板喜欢篮球你就多和他交流 NBA，老板喜欢足球你就和他交流世界杯，老板喜欢钓鱼你就告诉他本地区内钓鱼好的场所在哪里，老板喜欢打麻将你就和他探讨打牌中的必胜"秘籍"，等等。

当然，这些东西需要花时间去研究，把终端客户的嗜好培养成自己的嗜好，这时你会发现你的终端客情已经维护得像朋友一样。

第四节　终端高效化管理

大家都知道"有好的过程不一定有好的结果，但是没有好的过程一定没有好的结果"。所以，许许多多的企业，尤其是那些规模型的企业都特别重视过程管理，因为它们坚信销售人员只要能够按照公司指示精神做好销售过程中的每个节点，就必然有好的结果，否则就是不正常。

那么，对终端管理来说，要做好哪些工作才是一个好的管理呢？

一、终端拜访管理

终端拜访目的：收集信息、发现问题，解决问题、沟通政策，促进销售。

拜访实质：将生人变成熟人，将熟人变成朋友，将朋友变成伙伴。

拜访准备：基础物料，销售政策，客户问题，拜访目标及拜访内容的确定。

订单执行：业务代表应确认客户的收货部门、收货人、如何办理入库、什么时间送货等物流程序，并记录在客户卡中。订货数量、品种及规格一定要准确，不要让它成为以后终端拖欠货款的借口。管理好送货单、入库单等结算票据，对客户突然大宗订货应保持警惕，并建议其勤进快销，保证及时送货。

生动化执行：业务代表每次拜访客户时，都必须检查陈列、氛围情况，保持陈列面最大化，店内外氛围最强化，总之要超越瓶颈。

盘点库存：业务代表每次拜访客户时都应该检查库存，并根据库存情况建议客户是否订货；通过检查库存场所，如展柜、仓库、吧台，或直接问老板，最后计算终端的销售情况并设计订货量，向客户推销适量的库存。

洽谈推销：推销的主要内容包括推销自己、观念和产品。运用P.S.C法则就是先推销自己再推销观念，最后推销产品。不管推销什么产品，你必须善于首先推销自己，让客户喜欢你、相信你。如果做好这一点，那就没有任何理由解释"客户为什么大量购买你的产品"。同时也要推销你的公司，要懂得公司的良好声誉可以减少客户对陌生终端业务人员的疑虑。

二、终端陈列管理

1. 抢占第一位置

第一位置具有以下特点：

一是产品能最大限度地进入消费者视野。

二是消费者第一眼就能看到产品。

三是消费者最方便拿到的地方，高度以中等身材（170cm左右）消费者双眼平视为宜，保证在视平线至腰部之间位置。

2. 占据最大陈列空间

一是每个品项的产品连续4瓶以上，记住最少4瓶，并排摆放将取得较理想的视觉效果。

二是必须遵守"竞争优势"的原则，不管在什么情况下，陈列必须大于一切竞争产品。

三是紧靠陈列：各品项的产品必须上下左右紧靠一处陈列，不能被其他品牌隔开。

四是主导产品占公司所有产品陈列空间的50%以上的陈列面积。

3. 三种不可饶恕的错误

一是断货，无异于自杀。

二是被陈列在货架或柜台的底层。

三是与杂牌混放。

4. 陈列原则

一是显而易见原则。在眼球经济年代，谁的商品能够抓住消费者的注意力谁就是赢家。商品陈列要让消费者显而易见，看清楚并引起注意，才能激起其冲动性的购买心理。所以，商品陈列要醒目，展示面要大，力求生动美观。

二是最大化陈列原则。商品陈列的目标是占据较多的陈列空间，只有比竞争品牌占据较多的空间，消费者才会购买你的商品。

三是满陈列原则。要让自己的商品摆满陈列架，做到满陈列。这样既可以增加商品展示的饱满度和可见度，又能防止陈列位置被竞品挤占，还可以达到有序、整洁、美观的效果。

四是陈列动感原则。在满陈列的基础上要有意拿掉货架最外层陈列的几个产品，这样既有利于消费者拿取，又可显示产品良好的销售状况。

五是重点突出原则。在一个堆头或陈列架上，陈列公司系列产品时，除了全项和最大化以外，一定要突出主打产品的位置，这样才能主次分明，让消费者一目了然。

六是伸手可取原则。要将产品放在消费者最方便、最容易拿取的地方，根据主要消费者不同的年龄、身高特点，进行有效的陈列。

如成人商品高度1.5米，要达到不需要弯腰、踮脚、伸手可得的标准。

七是统一性原则。所有陈列在货架上的公司产品，标签必须统一将中文商标正面朝向消费者，可达到整齐划一、美观醒目的展示效果。商品整体陈列的风格和基调要统一。

八是价格醒目原则。标示清楚、醒目的价格牌，是增加购买方式的动力之一。既可增强产品陈列的醒目告示效果，又能让消费者买得明白，可对同类产品进行价格比较，还可以写出特价和折扣数字以吸引消费者。

九是最低储量原则。确保店内库存产品的品种和规格不低于"安全库存线"。安全库存数 = 日平均消费量 × 补货所需天数。

5. 堆头规范原则

堆头陈列与货架陈列不同的是：更集中、突出地展示产品。堆头陈列都应该遵循整体、协调、规范的原则。特别是超市堆头往往是超市最佳的位置，是厂家花高价买下做专项产品陈列的，从堆围、价格牌、产品摆放到POP配置都要符合上述的陈列原则。

一是堆箱陈列法：注意垫底的稳固性，可以使用交叉推法，或使用垫箱陈列板。除承重之底箱外，均应割箱陈列；POP及产品包装正面均应面对消费者，高度不可过高或过低，要容易拿取。

二是割箱陈列法：在无固定、特制的堆头及陈列架的情况下，将成箱产品按箱体结构和商标印刷格式合理切割，一般以正常面梯形剖至下腰部，既可使产品充分展示，又可利用箱体进行简易陈列，此法可用于超市、批发市场、零售店堆箱陈列。

三是岛形落地陈列：多用于流通店或超市卖场，位于客流主通道中央，可以从四个方向拿到产品，除最下面一层外全部割箱且要露出商标。

四是梯形落地陈列：多用于流通店或超市卖场，背靠墙壁。可以从三面拿到产品，除最下面一层外全部割箱，层层递进。

五是利用空间原则：目前超市的堆头空中面积暂时没有收费，利用空间进行陈列不仅可以直接提高商品陈列面积，还可以加强陈列的生动性并达到最大化原则。

六是利用生动化陈列原则：为了强化售点广告，增加可见度，吸引消费者对产品的注意力，提醒消费者购买本公司的商品，就必须体现陈列展售的四要素：位置、外观（广告、POP 的配合）、价格牌、产品摆次序和比例，并根据商品特点及展售地点环境进行创意。

三、终端客情管理

1. 理解客情

终端与业务相关联的人建立良好的工作关系和私人关系。客情关系的建立是价值的交换过程，通过物质利益、感情利益的交换来实现。客情关系不是"有困难找警察"，客情关系是随时随地的表现良好，持久的客情关系是通过情感纽带带来的。

2. 客情关系的建立方法

物质利益：带来更大的销售利润，可以得到更多的奖励，赠送物品或促销品，节日、生日或特殊时期的礼品赠送等。

情感利益：经销名牌产品的满足和自豪，相同的爱好或满足客户的个人喜好、虚荣心。销售顾问、经营参谋，有效的培训指导，特殊时期用温情的语言慰问、安慰等。

特殊利益：通过特殊意义的物质利益建立感情，体现你的价值——掌握什么资源，拥有什么特长，能为客户填补空白，形成互补；关键时刻见真情，路遥知马力，日久见人心——没有特长，只有真心。

综合利益：靠单一的方法难以打动客户，更多的时候，我们会根据不同的客户、不同的场景，采用多种方法并举。

3. 客情关系的维护方法

关键、重要的客户要制定客情计划；不同的时期采用不同的方法，有新颖感；不同的客户采取不同的方法，有针对性；有计划、有规律地拜访或电话沟通；经常为客户提供一些有价值的市场信息；与客户的家人、朋友保持良好的关系等。

4. 客情关系的建立与维护注意事项

了解目标客户的权力结构可以使客情策略事半功倍。拜访是客情的前提，你的销量和你与客户待在一起的时间长短成正比；恭维、礼品都是维系客情的常用手段，但客情的最高境界是成为客户生意的顾问，并成为老板的朋友。

5. 客情对象

流通终端店老板（老板娘）、酒店终端老板、大堂经理、关键服务员等核心人员。

6. 客情目的

发动相关人员宣传主推本产品，帮助销售。

7. 客情目标

成为该店首推品牌，成为消费者优先考虑的品牌。

8. 客情公关手段

赠送礼品、组织活动（包括娱乐、旅游），解决部分工作、生活问题等。

四、终端维护管理

1. 日常维护

在日常走访终端时,对产品和 POP 等终端物料进行维护。

2. 重点维护

一是对易被竞争对手破坏,但销量很大的问题终端实施每天维护。

二是对于终端客流量大、销量大的终端,有针对性地进行特殊政策维护。

根据终端重要性分类,确定对 A 类、B 类、C 类终端的维护频率。如 A 类店一天维护一次,B 类店两天维护一次,C 类店一周维护一次。

3. 做好终端维护的关键

定点、定时、定路线巡回拜访,确定拜访频率,制定规范,明确分工。

4. 量化指标

铺市、动销、进货量、回货率。

5. 终端促销

促销对象:终端老板(含流通)、酒店终端大堂经理、服务员、消费者。

促销分类:一是终端人员促销:开瓶费、二次兑奖、销售竞赛、销售返利;二是消费者促销:免品推广、优惠促销、活动促销等。

终端促销手段:一店一策,开瓶费 + 二次兑奖 + 人员客情 + 活动。

五、终端分类管理

终端分类管理通常是按照终端渠道的重要性、产出性、竞争性等指标进行分类，目的是将优势的资源与人力投放到核心、重要的终端渠道或销售网点，从而达到二八定律之原则，将优势的资源、人力投放到20%的核心网点，并由此产生80%的销量。这类终端管理方法被称为终端分类管理。

1. 终端的分类划分

终端网点的销量（按终端渠道销售排名统计）——实际销售。

终端网点与本品匹配的主流价位白酒的销量（以网点库管数据为准）——未来可能销售。

终端销售网点的阻隔强度：以专场阻隔、同场阻隔、进场客情阻隔为序，阻隔强度越高，取得的销售优势越强——优势销售。

终端销售网点的支持配合程度：根据销售网点管理特性与本公司的合作关系、客情积淀所表现的对本公司的支持配合程度。支持配合程度越高，所取得的竞争优势就越强——支持销售。

根据终端网点的客源分类来判定客源的类型与稳定性，分核心意见领袖型、一般性客源型，也可分为常客型、散客型、混客型。客源的层级越高，消费影响面就越大。常客占比越大，酒店生意的稳定性就越强——稳定影响性销售。

终端网点的特性分类：将所有运作终端以共性和差异性为标准，从管理风格、配合程度、合作类别等终端指标分类成若干具有共性的或差异性的终端类别。该种分类方法是一种综合性分类，比较适合一店一策——针对性销售。

本划分标准主要是以终端运作核心性指标为准，可以单一性划分（其中的任何一条标准），也可混合性划分，参照上述全部指标。建议因终端操作的精细化，考虑划分的全面性与周全性，采用混合性划分。

2. 终端的资源投放

关注力投放：终端运作人员将自己的80%的精力投放到核心的销售网点。

费用投放：将80%的市场投入费用运用到核心终端的开发、维护、动销上。

人力投放：市场导入前期，将最优秀的人员分配到核心网点，后期发展均衡后，可将优秀的人员分配到中等程度的网点，但核心渠道享有市场运作中的优先投放权。

3. 终端的针对性运作

分类拜访：把终端分类后，因重点的不同，针对性地开展工作。在拜访工作中，终端网点的拜访频率将发生针对性的变化。因核心终端是我们工作的重中之重，对核心终端的拜访的频率应高于其他终端，如核心店每天拜访一次、重点店每两天拜访一次、一般性店每周拜访一次。

分类维护：在终端操作中，因终端的分类对核心店、重点店、一般店的维护标准存在层级的差异，核心店的维护精细化程度高，工作量大。一般情况下，一个业务人员负责5~6家；重点店次之，一个业务人员负责10~15家；一般性店一个业务人员负责20~30家。

一是核心店：要求随时掌握终端的所有竞品销售情况、活动开展情况、客情关系变化情况、主推积极性情况，关注竞争对手与合作店的矛盾情况，要求掌握每日本品动销情况、库存情况、陈列情况、标价情况并分析阻碍本品销售的原因，寻找提升销量的方法。

二是重点店：要求掌握主要竞品销售情况、活动开展情况、主推情况、客情关系情况，要求每两天掌握本品动销情况、库存情况、陈列情况。

4. 终端客户档案

终端运作、市场动态瞬息万变，为了把大量的有用信息长期综合性地运用，在终端客户管理中必须建立终端客户数据库，即终端客户档案。

终端渠道存在各种变化，档案资料要及时更新并保证其准确性，并定期对档案资料进行结论性分析，明确该终端渠道的工作方向、工作规律、工作方式，并检索阶段性存在的问题，验证营销措施的得当性，评估人员的工作情况、执行力情况。

因长期与终端渠道进行合作，通过资料整理，便于对前期工作进行积累，使今后工作更易开展。因建立了档案资料，对客户合作情况有了详尽的记载，即便相关人员离职，跟进人员也能迅速熟悉和掌握终端情况。

六、终端目标管理

目标管理是一种量化管理，多以数字说话，避免不好管理、控制，推诿现象频频。

1. 终端目标明确

明确业务人员销量目标、渠道维护目标、拜访目标、回款目标，并明确相关人员的工作职责、工作内容、工作绩效、工作制度。

2. 终端目标实施方法

设计终端运作步骤，分类维护拜访标准。制定终端动销方案（统一性推广活动或单店促销活动），分配资源到个体单位，并定期召开动销会议，分析阻碍动销的原因，发布相关动销措施。

3. 终端拜访监控

一是报表监控：通过日报表监控业务人员每天的工作情况、市场信息反馈情况、目标完成情况，并了解单店动销阻隔原因和业务人员的解决方案。

二是例会监控：通过工作汇报，了解业务人员阶段工作情况、目标完成情况、影响目标完成的原因、业务人员的动销方案，并根据市场发展状况，发布改善市场动销的措施，纠正业务人员的违规行为和不正确的操作方法。会后进行单独沟通，批准方案或与业务人员商讨终端渠道动销方案。

三是制度监控：通过制度管理，对终端运作中的违规行为进行处罚，赏罚分明，杜绝错误行为的继续发生，并表扬有贡献或完成任务的业务人员，将优秀的业务人员作为楷模，营造良好的团队管理氛围。

4. 关键指标考核

一是销量达成率：考核总业绩、单元回货率、进货客户数。

销量达成率即实际销量与计划销量的比率。目的是让每个业务人员都有自己努力的方向，并且相互之间可以进行比较，保证销售队伍旺盛。这要在每月月初为每个业务人员公正、合理地制定销售目标，在每个月销售工作完成时计算其目标达成状况，并以此作为奖金评估的重要性。

二是单元回货率：客户质量考核。

为了保证产品动销的持续性，以及避免业务人员恶性压货行为，采取以单元（三件一单元，可以是本品）回货频率考核业务策略，回货频率高，说明客户质量好、动销快、销量高。

三是进货客户数量：客户数量考核。

为了避免业务人员每个月就关注那么几个核心客户，造成市场荒废，要为每个业务人员制定当月交易客户的目标数量，以考评管理业务人员工作能力与工作质量。

第四章
Chapter 4

市场的策略

第一节　区域市场的布局

任何一场战争，一定是先谋而后战，先胜而后战。

市场首先是设计出来的，然后才是做出来的，否则产品动销难、市场突破难。

众多品牌区域市场失利、产品动销难的原因主要体现在有勇无谋上，既没有清晰的区域市场定位与目标，也没有明晰的市场发展的策略与方法。多算胜，少算不胜，何况无算乎？

一、区域市场布局不可取的两种模式

我们经常看到许多企业最喜欢采取两种最不可取的方式进行区域市场布局，这也是它们的产品动销失败的主要原因。

一是蜻蜓点水式的游击战。到处铺货卖货，哪儿能销就往哪儿销，能销多少销多少的机会主义思想与行为，严重阻碍了产品的快

速动销与市场的快速突破，甚至为后期精耕细作埋下隐形炸弹。

二是撒胡椒粉式的全击战。广泛撒网，遍地播种，力求"广种厚收"的贪婪、盲目的策略与行为，换来的是企业越走越窄、市场越做越小。这种方式的结局是，市场虽大，却没有企业的立锥之地，没有一个产粮片区或小根据地市场。

任何企业都需要根据自身的规模、资源、能力等进行有效的市场布局，以及有效地采用"创造区域局部优势"的市场竞争策略，建立稳定的市场根据地和强有力的市场依托，在某个或几个片区市场内提高市场占有率，赢得较大的市场份额，再图全面发展。

任何一个企业想发展，必须先学会谋局，不谋全局者，不足谋一地。

二、区域市场布局的三种模式

区域市场布局，其选择的关键是根据竞争机会与自身资源的匹配性进行有目的的选择与布局。

1. 城区爆破

选择城区爆破的原因，一般受以下四种情况影响：

一是乡镇消费受城区影响大，城区爆破后，乡镇被自然辐射，易于引领乡镇成功。

二是乡镇消费容量低，目前不具备进攻的价值。

三是乡镇市场竞品强势，进攻难度大，而城区机会却相对较大。

四是自己所在的城区资源丰厚，易于城区快速突破等。

2. 乡镇围剿（城乡接合处）

一是城区竞争成本高、机会少。

二是乡镇消费容量大、竞争机会多。

三是自己在乡镇资源丰富，易于成功。

3. 全局进攻

如果资源雄厚，支撑市场全面进攻。不过即使企业资源再雄厚，也要有先后、有轻重、有节奏地布局操作市场。这种方法相对不可取。

三、区域市场突破的三种路径

区域市场突破的关键，是能够让自己聚焦资源，快速实现动销。

一般区域市场突破路径有二个。

1. 单点突破，滚动发展

根据自身资源情况，选择竞争优势与机会比较大的片区或某个乡镇，前期只做单一片区或区域，做精、做透、做强，然后再选择第二个、第三个市场滚动复制。

2. 单点突破，面上布局，滚动发展

聚焦某个区域进行重点突破，同时在其他区域进行核心客户布局、埋下种子。种子式核心客户与根据地片区进行呼应，然后根据种子发芽情况，再滚动进攻这些种子区域。

纯粹的单点突破和"单点突破+面上布局"相比较，究竟哪个更好呢？这是由企业资源、竞争优势与企业生存需求三个要素决定的。

纯粹的单点突破，一旦培育周期长，收益难以解决投入问题，企业投入资源跟不上，竞争优势难以呈现，企业生存就会受到威胁。

而"单点突破+面上布局"，采取的是集中资源做重点区域，同

时再拿出一股兵力集中资源去做面上的核心网点，核心点虽然数量有限，但能产生大销量，能够为聚焦的片区提供投入支持。所以，"单点突破+面上布局"，反而能够出现点面都活的结局。

3. 核心店突破

在市场突破阶段，只针对重点核心的终端进行聚焦资源、重点操作，让这些终端快速动销，快速起到带头作用。这里面有一个前提，就是对区域市场的终端情况非常清楚，知道哪些终端能够产生销量并能够起到引领、带头作用，而且通过资源聚焦把竞争产品销量挤压下去。

四、聚焦核心是区域市场布局中的关键

区域市场布局，一定要聚焦核心打样板。无论是聚焦核心片区，还是聚焦核心店，都必须聚焦到核心样板上下功夫。因为样板可以给整体市场带来信心，带来新的模式、新的增长点。

通常来说，聚焦片区，首先要打造出基地式核心样板市场，然后滚动式发展。基地式样板市场最终目的是要实现"三高"，即高铺货率、高占有率、高动销率。

所以，一般来说，市场布局的首要任务就是打造基地或根据地市场（小区域），并在基地市场的基础上向外围扩张，稳固地占领市场。因此，整体市场布局要按照"基地市场+腹地市场+辐射市场"的市场结构，不断推进，形成一个稳固的市场格局。

腹地市场一般是指在基地市场周边的半成熟市场。怎么才会有半成熟市场呢？这里主要是面上布局的核心店成长速度，以及基地市场的辐射影响，使之具备成为第一品牌的潜质，一旦投入精力精耕细作，即可打造成新的基地市场。

辐射市场是基地市场外围的远距离市场，也要观察那些核心终端培育状况及造成的影响，是否具备了快速崛起的机会。

五、区域市场布局策略

1. 滚雪球

目标区域市场的滚雪球拓展策略是许多企业最常用的策略，在企业完胜了一个区域后再向另一个新的区域进军的拓展战略。具体来讲，这种战略的拓展以某一个地区目标市场为企业市场拓展的"根据地"或"大本营"，进行精耕细作，把"根据地"或"大本营"市场做大、做强、做深，并成为企业将来进一步拓展的基础和后盾。在"根据地"市场占有绝对优势或绝对稳固之后，再以此为基地向周边邻近区域逐步滚动推进、渗透，最后达到"星星之火，可以燎原"，即占领整个市场的目的。

滚雪球式的市场拓展战略具有以下优势：

一是利于企业降低营销风险。"根据地"的营销战略能为周边地区的营销实践提供丰富的经验和良好的示范。企业在全力建设"根据地"市场的过程中，对产品的市场营销规律有了较多的研究，包括成功经验和失败的教训。"根据地"营销经验的日积月累自然成为企业日后向周边拓展最宝贵的财富和资本，营销的失误会进一步减少。随着市场的不断滚动拓展，企业的"根据地"市场地盘的扩大，这些经验和教训愈加丰富，市场营销的风险会越来越低。

二是有利于保证资源的及时满足。市场滚动的开始是以"根据地"市场的"兵强马壮"为基础的。已做大、做强的"根据地"市场的利润丰收为新开拓市场提供充足的资金积累，"根据地"营销实践成为企业营销人才培养的"黄埔军校",因而在市场拓展中能源源不断地向前方市场输送人才。

三是有利于市场的稳步巩固拓展。现有市场牢牢被占领之后才向新的周边市场拓展,秉持稳健、踏实的理念,达到步步为营的目标。

2. 采蘑菇

采蘑菇是一种跳跃性的市场布局策略,选择和占领具备竞争机会与优势的市场,不管这个市场是否和原来基地的市场邻近。

市场选择方式如下:

一是机会选择法:重点打造有一定市场基础,或包容性比较大,竞争产品在这个片区出现严重下滑区域或者竞品犯错误的市场。

二是蓝海进攻法:开发主力品牌正在衰退或竞争对手实力较弱,或竞争对手并没有重兵的市场,或强势品牌忽略的价格带。

采蘑菇的市场布局策略,虽然在地理区域上缺乏连续性,但却是企业普遍适用的一个战略。不但强势企业可以采用,弱势企业运用它也可以取得不错的效果。

3. 化整为零网络主干线

将某一区域市场分成若干块相互关联的"战区",每个"战区"再分成若干个相互呼应的"战点",每个"战点"又可连成若干条紧密相连的"战线",梳理市场脉络,突出重点、抓住关键、带动全局。

4. 撒网开花

撒网战略是企业在拓展其目标区域市场时,采用到处撒网,遍地开花,向各个片区市场同时发动进攻,对各个市场同时占领的方式。撒网战略具有极大的市场拓展威力,可以在非常短的时间内达到同时占领各个市场的目标。但是，这种战略成功的条件却极为苛刻。

一是需要企业具有充足的营销资源。在许多市场同时开展营销，各个市场都要建立自己的销售渠道。常常伴以广告"地毯式轰炸"，所以，需要的资金显然非一般企业所能承受。每个市场都必须派出精干的营销策划、销售管理人员和业务代表。因此，企业必须要有一支庞大并且经验丰富的营销团队。

二是需要企业具有强大的调控能力。企业同时在多个市场发动进攻，无论是自己"开山修渠"还是"借鸡生蛋"，都可能遇到许多意想不到的情况和难以控制的市场混乱。所以，如果没有极强的调控能力，企业则难以应付同时发生的各种意外情况。

遍地开花式的市场拓展就像"闪电战"，意在迅速占领、"广种厚收"。但是，这种目标市场拓展战略目前成功的可能性远远低于失败的概率，成功者寥寥，失败者多多。可见，这种战略并不适合一般企业或目前实力和经验尚不丰富的企业。

5. 点面呼应

区域市场各片区的布局尽量以某一片区为中心，在周边市场进行选择核心店操作，点面整合，使之形成辐射状、同心圆形、扇形或三角形等市场格局。

6. 保龄球

保龄球运动具有这样的特点：各保龄球瓶之间存在一定的内在联系，只要恰当地击中关键的第一个球瓶，这个球瓶就会把其他球瓶撞倒。企业在拓展市场时同样可以运用这样的方法。要占领整个目标区域市场，首先要攻占整个目标市场中的某个"关键市场"——第一个"球瓶"，然后利用这个"关键市场"的巨大辐射力来影响周边广大的市场，以达到占领大片市场的目的。这种市场拓展战略我们称之为"保龄球"战略。

当然，该关键市场应该具有如下特点：

一是该"关键市场"的消费者具有较强的求新意识和较强的购买力，因而对新事物接受较快。

二是该"关键市场"的消费需求具有极强的影响力、穿透力和辐射力。一般，"关键市场"的消费观念和潮流具有极强的超前性和引导性，即某种商品消费或生活方式一旦在这些市场流行，就会引起一大批周边中小地区市场的消费者争相模仿、追随。所以，只要企业占领这个"高能量"市场，就能取得以点带面、辐射一大片市场的效果。

当然，这是一种"先难后易"的市场拓展策略。关键市场往往是商家必争之地，要攻占该战略市场要点，必须耗费大量的财力和人力。但一旦占领，其他市场就"横扫千军如卷雪"了。显然，这是实力较强的大企业才能选择的战略。

7. 农村包围城市

和"先难后易"的"保龄球"战略相反，这是一种"先易后难"的市场拓展战略。即首先蚕食较易占领的周边市场，积蓄力量，并对重点市场形成包围之势，同时也对中心城市形成一种无形的影响。等到时机成熟时，一举夺取中心市场。

对许多企业来讲，首先就选择进攻最难占领的中心市场，成功的可能性很小。企业这时应首先选择较易攻占的周边市场，一方面积蓄自己的力量和营销经验，另一方面对中心市场给予潜移默化的影响。

在实践中，农村包围城市战略的实施常常伴随着"时空间断法"

的运用。企业在包围、占领周边市场的同时，会对中心市场进行一定的广告宣传，却没有产品的跟进，有意造成市场空缺，让销售和宣传有一段时空间断，令消费者由好奇到寻觅、由寻觅到渴望成消费势能的递增蓄识，犹如大坝之于江水，人为地制造水位落差，最后形成了万马奔腾之势。为一举占领中心市场提供了良好的基础。

8. 聚焦一点法

该法实际上是一种集中性市场营销策略，指在有多个目标市场的情况下，先选择其中一个，将所有销售能力集中，在短期内提高企业在这一市场的占有率和市场地位。聚焦一点的关键在于如何选点，主要从销售潜力，政治、经济影响力两方面着眼选点。一旦选点错了，就会造成人力、物力、财力、时间的损失，甚至可能"出师未捷身先死"，使产品夭折在刚铺开的新点上。

区域市场的布局方略具体到每个企业的产品线、目标市场、客户定位、资源充足程度、市场推广和管理能力等方面的不同，都会产生不同的划分依据和拓展策略，无法简单拷贝。市场划分完成后，在认清自身优劣势的前提下，再对每个细分市场开拓的可行性和风险性做详细评估，先抓战略重点市场，按从高到低的顺序发展。

第二节　渠道模式的定位和选择

产品不同，决定渠道模式不同；企业优势资源不同，导入不同渠道的节奏性也不同；渠道竞争程度不同，导入不同渠道的先后顺序亦不同。目前，市场上存在四种渠道启动策略，企业可根据竞争情况、企业资源、产品匹配度来选择适宜的渠道启动策略。

一、四种渠道启动策略

1. 单一渠道启动策略

产品入市时，根据产品价格定位，选择出匹配餐饮店启动，或流通中的关键核心店，或团购启动，来培育核心消费群体与动销驱动。一旦产品在所选的渠道形成快速动销之势或形成主动自点之势，立刻放入其他渠道。其中，关键要把握导入其他渠道的节奏或时机。

优势：聚焦渠道、聚焦资源、聚焦管理，容易快速突破。

劣势：单一渠道无法承担最大销量占有，如果产品在消费形成主流时，若不能快速导入多渠道，则容易导致产品迟迟不能放量，最后停滞不前。

2. 核心店启动策略：选择流通与餐饮的核心店

这种做法在于聚焦区域市场内能够形成带头领导作用的核心终端进行启动，只选核心，不分渠道类型。

优势：聚焦资源，重点培育核心店，形成快速动销与引领。

劣势：虽然核心店能起到引领带头作用，但整体势能不足，不利于市场整体共振，后期全面铺开容易引起核心店的抵触。

3. 复合渠道启动策略：餐饮+流通+团购同时启动策略

复合渠道启动策略在于企业资源相对具备优势、人力资源也相对充足，进行分部门市场操作，同时启动所有渠道。这种启动策略适合中高端酒。

优势：餐饮、流通、团购三盘联动，互补共振，共同启动市场，易于市场爆破。

劣势：主要在于价格设计与资源投放（分散资源，一旦企业资源不足，容易形成夹生饭市场），既要保证餐饮高利润，又要保证流通积极性，避免餐饮、流通同时操作的相互抵触心理，还要考虑公关团购带领作用。这里产品价格、利润空间设计与资源分配成为关键，而且谁是主、谁是次，一定要把握好。

4. 1+1渠道启动策略：餐饮为主做突破+流通核心为辅做铺垫（核心店展示）

根据产品价格定位，一般是低端酒，在导入市场以餐饮店为主导。同时选择一些销量比较大、信誉比较好的核心流通店作为辅助，共同启动市场。

优势：餐饮全渠道培育消费者，核心流通店互补培育、互补共赢，快速启动市场。

劣势：有些核心店往往具备二批渠道性质，选择成为关键，一旦选择出乱价或批发性质的二批渠道，则容易导致餐饮盘混乱。所以，流通在市场启动阶段要少渠道促销、多陈列支持，保持价格稳定。

二、不同产品档次的渠道形态

对于不同的产品档次，产品的驱动力往往不同，所对应的渠道形态也不同。

1. 高档产品

一般高档产品的驱动力往往源于品牌自身的力量及核心消费者的培养。许多品牌力不足，往往依靠足够影响力的核心意见领袖驱动消费，尤其是高端政商务人士。不过，由于限制三公消费，对于许多品牌地位不足以支撑高端产品的企业，此路往往走不通。

高档产品对于渠道的选择，往往以团购渠道和名烟名酒店渠道为主，高端餐饮渠道和 KA 卖场渠道为辅。团购渠道与烟酒店渠道进行消费者培育与销售，高端餐饮与 KA 卖场进行形象展示与销售。

2. 中档、中高档产品

中档、中高档的产品，往往依靠利润、费用支撑下渠道的推力，同时依靠产品差异化的卖点、卖相来驱动销售。不过，现在由于市场不景气，没有品牌力的产品即使依靠渠道驱动，也难以成就大气候。

对于渠道的选择，以匹配产品价格带的 A、B 类餐饮渠道，以团购、名烟名酒店渠道（有选择性操作）进行消费者培育、销售，以商超、KA 卖场为辅进行形象展示。这时需要根据企业的资源情况，以及市场竞争程度，选择出企业需要主打的某一类或某两类渠道，如聚焦于团购渠道与核心烟酒店渠道（因为餐饮渠道自带率高，同时，餐饮渠道营销成本偏高，没有一定的资源投入，成功率偏低）进行集中资源单点爆破，顺势再导入其他类型渠道。

3. 中低档产品

中低档酒，消费的往往多是阶段性流行产品，品牌力相对比较重要。这里品牌的力量主要是品牌传播的力量，并不一定是与生俱来的品牌力。传播力、氛围影响，往往能够快速创造一个品牌的成功。因为中低档酒消费者的转移成本相对较低，消费者容易跟着广告走。

其实，无论对中高档产品来说还是对中低档产品来说，渠道的力量永远不可忽视。尤其在新产品导入阶段，抓住匹配的主渠道及核心渠道，得到它们的主推，其成功的概率会大大提高。对于中低端酒，由于不太受自带率影响，可以选择以 B/C 类餐饮渠道为主，社区超市、B/C 商超、小型零售便利店为辅。为辅的渠道要有选择性地操作，选择销量比较大、销售力比较强，但不具备二批渠道乱价性质的店进行有选择的合作。

无论什么档次的酒，在导入阶段，一定要有匹配的主导渠道进行操作。如中高端酒主要以公关团购渠道、酒店渠道、部分核心烟酒店为主，中低端酒以餐饮店为主，不宜过早进入大流通渠道，使价格杠杆过早失效。而到了拐点期，则主要以大流通为主，但也不能放松餐饮店或团购渠道的标杆作用。到了成熟期，则必须以流通控制规范为主，避免价格混乱，造成产品快速进入衰退期。

三、五类渠道的价值与作用

白酒黄金十年过后，大众酒成为众品牌纷纷争食的价格带。这里就以大众酒为例，选出五类常见渠道进行分析。

1. 餐饮渠道：培育消费者的视觉和味觉

大众酒的餐饮渠道特指B、C、D类餐饮，此种餐饮店数量众多，以大排档的形式出现较多，部分餐饮为特色餐饮。虽然自带酒水，但大部分聚饮仍在餐饮渠道完成，小餐饮仍是大众酒消费的主场所。所以，餐饮渠道在产品上市期间，能够全方位培育消费者。

在餐饮店内，对酒店常客或者目标消费者进行免费品尝和赠饮活动。由餐饮业务人员或促销员负责，选择其中的火爆店，在不同的餐饮店进行免费品尝活动，具体标准自定。

根据价格体系和竞争对手的情况，比畅销产品的开盖费要高出一个档次，提高餐饮店老板的积极性。除个别餐饮终端外，不建议在餐饮终端投放专职促销员（更多是临时性的，负责上市初期终端活动的开展）。促销员可负责多家店，降低成本。整体来说，餐饮的销量不大，单店的效益很难支付其工资。

值得注意的是，大众价位的白酒在餐饮店的价格与外面的价格相差不大。所以，不少消费者选择在店内购买消费，餐饮店仍有一定的销量。

2. 流通渠道：宣传阵地、销量阵地和活动阵地

此处的流通渠道含烟酒店、社区超市、副食店等销售终端。流通店对于大众酒来说，不仅是产品推广阵地，还是销量实现阵地。选择部分核心领袖型终端建设为标杆终端，进行新产品培育、动销驱动，是非常可取的渠道启动方式。

不过，在流通终端开展的消费者促销活动，只要产品上没有明确标明的活动，很容易被终端截留。所以，但凡开展消费者促销活动，最好全部贴上箱贴与盒贴，以及店内外宣传告知，向消费者明确传达促销信息，提高消费者购买积极性，同时又能防止终端截留。

大众酒在流通终端的工作主要分为两部分：一是提高烟酒店老板的主推积极性；二是对目标消费者进行消费培育。

第一，提高流通店老板的积极性。

主要通过提高单店的利润实现。铺市的过程中，根据品牌的知名度、经销商的网络能力等，制定不同的铺市标准。若母品牌知名度高，经销商实力强，则可以通过设立坎级返利或者包量返利的形式，与流通陈列一起捆绑，与流通店老板进行进店谈判。若品牌知名度不高，或者经销商实力较弱，则可以先通过陈列进店，或者通过买赠进店，包括买酒赠其他奖品，如店老板能够使用的家电、电子产品等，也可以是本品。另外，也可以通过组织小额度的进店组合，配合买赠活动，降低店老板的进货成本。

第二，目标消费者培育。

主要通过店老板对消费者进行培育，如每月奖励烟酒店固定的品鉴用酒，用于其熟客品鉴，或向核心消费者赠酒。也可以确定核心店之后，组织促销员，每周在核心店进行巡回服务，对来店的客人进行免费品鉴。通过此种形式，提高目标消费者对酒品的认知，促进购买。

因此，流通进店的政策可以统归为几类：返利（坎级返利或包量返利）/铺市政策、陈列政策、品鉴酒、宴席奖励等。在与流通店谈判时，将此类政策统一打包，提高政策的吸引力。同时，因为其中有不可变现的奖品或者延时性兑换的奖励，终端不易变现。

3. 商超渠道：畅销期节假日走量和氛围热炒

在上市初期，商超渠道的作用更多地表现为价格标杆和形象展示。商超最有效的促销形式为买一赠一，更多地是针对格斗产品，不适合战略产品。所以，上市初期，商超发挥的作用不大。

产品畅销之后，通过节假日的买赠活动，提升产品在商超的销售氛围。此处的买赠活动可以是买大赠小、买酒赠其他东西，切忌做"买一赠一"。

在商超搭建地堆，在储物柜、电梯等处投放产品广告，大量布置吊旗等节日宣传物料，烘托产品的销售氛围，让更多消费者在节假日感受到产品的品牌氛围。

所以，在上市初期，商超更多起到的是价格标杆的作用。在畅销之后，通过节假日的销售和氛围热炒，进一步提升产品的销售热度。

4. 公关团购：核心消费者培育

大众酒产品的目标消费群体为社会大众，主要是依血缘、业缘、趣缘和地缘形成的一个个小的团体。在这些团体中，总有一部分人，他们是企业领导、发烧友组织者、社区委员会负责人，这部分人是这些团体的意见领袖，能够带动周边人的消费。这部分人渴望得到更多人的认可，他们的培育成本普遍较低，有的不过是需要两瓶酒而已。通过给予他们尊重，将他们变成企业的粉丝型消费者，成为企业产品的忠实消费者。

如小区社区群，每个群里都有几个活跃分子，他们时常传播本小区和其他小区的情况，组织小区活动。同时，他们还加入QQ群，里面全是各个小区的群主。这群人不定期聚会、培训，在群里讨论问题，将部分问题传回各自群里讨论。如果对这些人进行培育，由他们在群里号召，协助厂家做社区活动的宣传，赠送品尝用酒，培育他们，让他们成为企业产品的代言人，并带动周边的人购买企业的产品。

在我们的日常生活中也存在着大量的此类消费者，比如农村的村官，各个发烧友群、协会、团体的负责人等。将这部分有威信的人培育为企业的消费者，然后通过他们在各自所属的群里进行宣传，带动消费，配合企业其他品牌宣传和渠道活动，加快消费者的培育。

需要注意的是，虽然这里列举了很多不同类型的消费者，但是在实际操作中，可根据当地的情况，选择某类群体进行培育，将资源聚焦，培育某类群体成为其粉丝。未来白酒竞争的成败，不在于消费者多广，而在于粉丝型消费者的多少（品牌忠诚度高）。

5. 宴席渠道

上市初期摆赠桌，产品流行后开展大礼包、婚宴主题性促销，激发终端销售的积极性。产品上市初期，摆桌活动的效果最好；产品流行之后，大礼包的促销方式或者婚宴主题性促销的效果更好。

比如烟酒店、酒店、喜糖铺子表现出较强的销售或者品牌建设能力。

摆桌，现在流行"一桌赠一瓶"的婚宴促销方式。执行要点为：必须购买本品作为婚宴用酒，赠送的白酒必须为光瓶酒。部分区域婚宴用酒基本为一瓶。用"每桌赠一瓶"的方式，让消费者降低产品购买成本，促进消费者购买；通过赠送光瓶酒，让消费者品尝新产品，培育消费者的口感。因此，在产品上市初期，通过这种形式，既可以提高消费者的购买积极性，又能培育消费者的口感。

婚宴摆桌的促销形式在执行的过程中会有很大偏差，甚至会导致产品乱价。方案配发到终端之后，很多终端不会主动向消费者宣传，而是将产品藏起来，作为其利润的一个来源（光瓶酒也可以卖）。如洋河在苏州推行此种方式的时候，曾有终端这样向消费者宣传：洋河梦之蓝 M3 买一瓶送一瓶，价格只有 300 多元，又有面子又便宜。因此，要对终端老板进行培训，赠品就是赠品，坚持价格的刚性。

产品流行之后，此种方式的费用大增，效果也大打折扣。此时可转换为两种形式：婚宴大礼包或者婚宴主题性消费者促销。

婚宴大礼包主要包括：香烟、葡萄酒、饮料、迎宾簿、礼品簿、请柬、胸花等，这些东西可以单独装礼包，也可以多个组合装礼包。这些东西均为婚宴必需品，花费不大，但是购买零散，通过大礼包的形式，帮助消费者解决零散购买的后顾之忧。

婚宴主题性消费者促销，主要是以婚宴大奖作为引爆点，吸引消费者购买和消费。如泸州老窖的"幸福起航系列"活动，以"马尔代夫幸福之旅"作为大奖，吸引消费者购买。此类促销活动的关键为：大奖必须对消费者极具诱惑性，像马尔代夫就是很多年轻人蜜月必去之地；必须有大奖爆出，让消费者相信，只要购买，幸运之神就会降落到自己身上。

烟酒店渠道和喜糖铺子是宴席的销售终端，消费者去此地的目标明确，购买白酒、香烟、喜糖，捆绑销售反而更能激起他们的兴趣。只要价钱合适，他们很快会与终端达成交易。所以，此时的喜糖铺子是作为单一的烟酒店终端运作。

酒店是宴席预定场所，消费者去预定饭菜的时候，如果白酒价格合适，消费者也会有兴趣购买。这三个渠道的关键点在于激发其积极性：一是充足的产品利润，让他们动力十足地推销企业的产品；二是针对婚宴消费者的婚宴政策配备到终端的同时，如果其主动推介企业的产品，对其有额外奖励。

山东某经销商在运作婚宴酒的时候，制定了政策：购买20箱以上某种产品，赠送价值高于其三倍的产品两瓶；购买20箱以上的某种产品，可享受18项服务大礼包，包括赠送签到簿、礼品簿、胸花、婚车等服务；对于主动推介的终端，则额外奖励销售的产品两瓶（产品由总经销商出货，但是差价给终端）；额外制定年底抽奖。通过这种复合的婚宴政策，既对消费者有吸引力，又激发了终端的积极性。

宴席渠道除了婚宴之外，还有生日宴、升学宴、升迁、搬迁等，这些宴席都可以借鉴婚宴的操作手法。

上述五类渠道，只是为了让大家更加详细和系统地了解各个渠道。在实际的操作过程中，可根据自己的渠道状况、资源配置、组织队伍和品牌概况等实际情况，选择性地进行渠道突破。

需要提醒的是，不能单纯地制定政策，在烟酒店、分销等渠道完成铺货，就幻想产品会自然而然地动销。在设计渠道组合时，要考虑消费渠道的配合，同时在终端开展消费者培育工作、产品推广工作，实现产品的动销才是根本。

第三节　必不可少的样板市场打造

样板市场建设是企业聚焦人力资源、财力资源、产品资源（核心产品）三大核心资源进行系统性攻坚的作业过程，对资源性短缺的许多企业来说更具挑战性，往往是企业生死攸关的战略性转折点。所以，对许多企业来说，在样板市场打造时必须谨慎考量与慎重推进，确保样板市场成功打造。

一、区域样板市场打造五大基础准备

任何一场战争的胜利，一定是先谋而后战，先胜而后战。样板市场进攻同样如此，必须深度调研、分析机会、制定策略、筹备资源、搭建组织、开始进攻。所以，一个企业或区域操盘者在市场进攻之前，必须做好以下五个方面的基本准备工作，才能开始攻坚。

第一，对备选的样板市场进行精确细致的调研，调研的内容包括市场的容量、目标消费群体、相关竞品、渠道情况、终端情况（核心终端）、相关媒介等。

第二，对备选的样板市场的调研结果进行分析、总结之后，寻找相关市场的机会点，切合企业实际情况，选择适合产品进行运作的样板市场。

第三，明确了样板市场之后，进一步再进行深度调研，主要与一些经销商及核心店进行深度沟通，制定相关的营销策略与规划相关资源投入。

第四，在营销策略规划的基础上，搭建相关组织架构，配备各架构下的人员，明确各人员的职责，对人员的各项工作开展进行合理分配并制定相关的考核机制。

第五，在完成上述步骤之后，坚定不移地执行确定的各项营销策略和方案。

二、样板市场的布局与做点

样板市场成功打造的过程，一定是一个精准布局、高效做点的过程。布局和做点是样板市场打造系统工程中的两个步骤，但在规划和实施过程中，有时间的先后顺序。或者说，做点只是布局中的一个环节，在整体布局的基础上，才能进行有效的选点。布局乃是基于样板市场的选择，是基于企业整体战略层面的考虑，而选点则是对具体市场的执行过程。

1. 样板市场布局

布局不好，什么都是徒劳。在布局之前，我们要先清楚以下几点：

一是打造样板市场的目的是什么？形象市场、销量市场，还是二者兼得？打击竞争产品还是招商？

二是做样板市场的基础是什么？企业的资源投入有多少？样板市场的消费群有多大？

三是是全线开花还是选点突破？

只有这些全部明确后，才能走好下一步。对于一般性的区域性白酒品牌来说，前期所选的样板市场基本都是自己企业的"根据地""大本营"，要么是临近"大本营"的区域范围内市场。在根据地市场做好之后，再考虑向周边的区域进行复制。很多企业没有考虑到区域的文化、消费差异，盲目复制，往往导致失败。

所以，布局样板市场还须把握以下三个原则：

一是条件的可控性。企业要充分考量自己的能力和条件，包括人力、物力、财力情况，对这些能力和条件要综合评估，看看这些条件和能力，是否能够充分控制这个区域样板市场，是否在这个区域市场有机会。

二是市场的代表性。企业集中全部的资源，集中攻克一个区域样板市场。那么，最好能在该区域占据较大的市场份额。否则，样板市场的示范作用就会打折扣。

三是区域的辐射性。在该区域的样板市场打造，能逐步渗透、辐射到周边市场，为后期的扩展提供良好的铺垫。

打造样板市场的过程中，上述的基本标准和原则，是企业必须要遵守的。只有很好地理解并执行这些标准和原则，企业在打造样板市场中才会少走弯路，成功的可能性才会大大增加。

2. 样板市场的选点

选点是决定样板市场快速突破的关键，点选错了，或者全面开花运作，会不可避免地增加市场成功的难度。

样板市场的打造，要懂得运用"样板中再造样板"的方法，以点带线、以线带面逐步塑造市场。在大的样板市场中，要不断培育和发展小的样板店、样板街、样板区。这样的运作手法也是目前绝大部分中小企业循序渐进的战略步骤，它们有条不紊地积蓄资源、发展势力，最终获得成功。

如何选择样板市场中的小样板？主要遵循以下要求：

一是消费水平匹配企业主导产品的价位，消费能力强，适合本产品销售。

二是消费基数大，能够形成销售规模。

三是交通便捷，物流通畅，节约时间成本。

四是渠道较为优质、密集，企业施展和发挥的空间较大。

五是对周边有辐射、影响和带动作用。

只有满足上述条件，才具备打造小样板的条件。综合考察后，对其重点运作，对周边市场的拉动作用才能成为现实，才能给样板市场的有力打造创造良好的发展条件。

小样板市场的选择不同于大样板市场，这是一个尝试的过程，是为总体局面的开展寻求正确的指导思想。因此，不可避免地会出现选点失败或新的问题出现，要善于总结得失，不断地调整具体战术。

当然，在运作样板市场的点、线时，并不代表其他区域不进行运作，只是资源的投入有所区别，推进的层次不同。只有做到这些，才能做到有的放矢，在不断改进中持续发展。

三、样板市场打造需要持续不断地深度挖掘

样板市场的打造是一个需要长期坚持的系统化工程，企业不能顾此失彼，一味追求表面工程，造成品牌的发展后劲不足，市场没有持续续航能力。

样板市场的持续性具体表现有哪些？打个比方，我们把市场比作一棵小树苗，栽下去之后，还需要浇水、拔草、除虫、修枝杈等，要让它不断生长成参天大树。打造样板市场恰恰是持续地把品牌在区域市场的影响力提升、提升、再提升，直至品牌成为区域市场内

同类产品的佼佼者，同时继续加强和巩固。

这需要集中精力抓好渠道建设和品牌建设两大部分。

1. 在渠道建设方面，必须做到三个完成

一是前期完成快速启动市场。企业直营或者与经销商紧密合作，分工明确。需要说明的是，企业必须占据主导位置，掌握样板市场渠道主导资源，经销商负责协助，在投入方面，充分发挥经销商的作用。如何做到厂商共同完美协作？各个企业情况不一样，方法也各有不同。笔者认为，不论采取什么方法，都必须解决三个不可回避的关键点：

第一，企业能够拥有什么？这是掌控市场资源的核心（核心、主导终端）。

第二，企业能够改造什么？这是样板市场打造行动力提升的关键（完善合理的运作模式）。

第三，能够给经销商带来什么？这是控制经销商的原动力（利润）。

二是中期完成网点全面覆盖。企业依靠分销商，或者直接依靠能力较强的二级批发商，达到网络覆盖的范围，样板市场的网点覆盖率一般为酒店60%以上、烟酒店90%以上。企业必须依靠这些网络资源进行密集性分销，让产品尽可能多地到达终端，通过具有高覆盖率和多种渠道并存的分销网络来接近消费者。

三是后期完成网点的有效分布和动态管理。淘汰无效网点、提升有效网点、强化形象网点、巩固战略网点、打击竞争网点，建立起合理的网络布局，注重终端网络的生动化建设。要将主推网点与主流渠道并重。在渠道建设过程中，主流渠道应优先考虑作为主推场所，如果不能主推，则利用主推网点来补充配合。

2. 品牌建设方面，打造三个着重

一是着重样板街区销售氛围建设。建立样板市场的生动化标准体系，样板街或者样板区为形象基地，生动化建设全面覆盖，塑造浓厚的旺销氛围。具体做法如下：

选择市场餐饮酒店或者烟酒店比较集中、消费影响力较大、消费量较高的餐饮或烟酒店的一条街。

对这条街上对餐饮店的门头、户外宣传支点（如路灯杆、休闲岛）、户外墙体广告进行包装，黄金路口明显位置制作户外大牌等。

在B、C类酒店制作店内外墙体广告、制作道旁落地灯箱（连续不低于5个）、投放产品模型，放台卡、桌号牌、餐巾纸，挂画、公益提示牌等。

在名烟名酒店制作店招、店内柜眉、墙体KT写真画、价格牌、促销牌、店内外堆箱、海报等。

特色化终端氛围营造：选择政府/机关疗养处所、旅游景点度假村/特色菜品店、城郊农家乐等，制作店招、明显位置的墙体广告、灯笼悬挂（不限数量）、大厅KT板、大厅墙体（文化墙）广告、包厢KT板、产品最优位置陈列、最多数量陈列，以及物料的摆放，如产品模型、台卡、餐巾纸、桌号牌、价格牌、促销卡、椅套等。

二是着重消费者促销推广活动的开展。促销本身是助推销售的主要手段，但对品牌的建设同样起着不可磨灭的作用，毕竟品牌是通过销量托起来的。消费者促销可以是产品本身自带的刮刮奖，还要有针对终端的买赠活动、品鉴体验、幸运大抽奖，买就可以参与砸金蛋、走进社区行，买就可以参与其他娱乐活动、核心消费者公关赠送。

核心店促销：选择人流量大、辐射力强，并且匹配本品销售的终端网点，尤其是餐饮终端，联合终端在店内策划系列消费者促销活动，并把促销信息充分传播出去，如买大赠小、买二赠一、买酒赠菜、用餐赠酒、限时赠酒、限桌赠酒（前几桌赠）、抽奖活动等。

核心区域促销：针对终端网点比较集中、目标消费群体比较大的片区或者街区，如低端白酒之于大排档，集中销售人员、促销人员、市场人员在这个片区不间断、循环地举办消费者促销活动。如果活动能持续坚持20天左右，效果还是非常显著的，基本就可以转移阵地或片区，开发第二个样板区。

核心消费领袖公关：在资源允许的情况下，培育一批意见领袖消费者，举办针对意见消费领袖的赠酒公关活动，不断扩大核心消费人群，让意见领袖影响普通消费者，打造品牌消费势能。

喜宴市场促销：利用"五一""十一"、春节等婚庆高峰期，利用七月、八月、升学宴期间，策划喜宴促销活动，不仅有助于提升销量，更有助于品牌塑造。如婚宴赠酒，购买指定婚庆用酒3瓶，即赠1瓶同品相光瓶酒；购酒折扣，购买指定婚庆用酒满1000元，即立减100元现金；购酒赠旅游，购买指定婚庆用酒满20000元，即赠送价值5000元的双人海南蜜月旅行等。

社区或城市广场内的推广：走到广场、走进社区、下乡进村，加强流动终端的创建与推广，在消费者意想不到的情况下，主动与他们接触，增加消费者对白酒的品牌联想度和参与度，同时达到较好的销售效果，更易于品牌推广与传播。

三是着重产品结构化梳理。 主力单品在渠道建设、氛围打造、促销推广等方式获得成功突破时，必须结合主力产品，构建合理和层次分明的产品线矩阵，丰富产品，封锁渠道，通过不同的产品定位来进行品牌加速造势与品牌维护，同时起到挤压竞品市场空间的目的。

四、样板市场的打造需要一个强有力的团队

打造出一个成功的样板市场的团队必须要有三大要素：把控全场的领导、灵活多变的一线负责人、执行力强的团队。

首先，很多时候，打造样板市场，有道有术的一线负责人起着至关重要的作用，他所处的位置承上启下。

其次，公司要源源不断地为一线提供支持服务，与一线营销人一定要和谐团结，合作到位才有斗志。只有对人、对事、对财、对物管理到位，把人团结起来，做到人和人之间和谐相处、和谐奋斗、和谐进步，切实培育出一个职务分明、敢打硬仗的营销团队。

最后，懂市场与销售。要充分培训销售团队，才能尽最大努力提高执行力。要培训经销商，才能提高认同感和忠诚度。现在越来越多的经销商希望从厂家学到先进的市场推广方法与理念，如经销宝洁的产品，经销商可能不赚钱，但能从宝洁学到深度分销的技巧与产品推广的方法。只有具备高质量的销售团队和经销商，才能确保成功经验的顺利复制。

未来，区域白酒品牌的样板市场运作思路与方法将会越来越科学、越来越贴近市场，但无论采取什么方法，样板市场的打造都需要切身投入到一线工作中进行。

五、样板市场不可留给对手太多机会

很多企业打造样板市场，在前期进行充分调研的基础上，开局非常顺利，也取得了不错的销量。但当产品的销量进一步提升的时候，对市场的敏感度和关注度便开始减少。很多时候，给竞争产品

送去了大把的机会，导致竞争产品的疯狂蔓延。这便需要企业不断地对市场进行动态了解，时刻关注市场的变化趋势。

企业领导或操盘者应该从始至终把样板市场放在自己的眼皮底下，以极大的专业精神对待它，确保市场永不倒。同时，加强对样板市场的管理和监督工作。没有好的监督管理机制很容易让企业陷入困局，等企业发现市场销售额下降的时候，为时已晚。因此，企业应时刻对样板市场的方方面面进行管理、培训、监督，确保对样板市场专业、专注。

第五章
Chapter 5

动销的关键

第一节　成功源于机会

成功源于机会，机会源于差异。

中国白酒无论营销还是包装、酒质，同质化都过于严重，要想在同质化中胜出，比拼的往往是资源多寡与执行的优劣。对许多企业来说，想突破强大对手的封锁，或者从消费者热衷的品牌或产品中杀出一条血路，实现产品的动销与崛起，是一件非常困难的事情。

一、为什么要找机会

这是战略选择与定位问题。选择与定位自己的生存空间与突破点，这是基本前提，然后才是好的执行力。

一个市场的突破，一个产品的动销、旺销，绝非大家想象的，依靠不断地铺货、终端维护、促销推广就可以成功，而是要找到突破点，击破最薄冰层，才能换来市场的顺势而行，否则只会徘徊在不停的做事状态，市场进展缓慢，而且永远不可能成功。因为一开始你就种下失败的种子。

唯有针对不同的市场、不同的消费群体、不同的竞争环境、不同的竞争对手，寻求产品、品牌、营销方式鲜明的机会点与突破点，从而使产品、品牌、运作市场的方法与众不同，从而在与强者的对抗中，走出自己的特色道路，创造一种相对蓝海市场的竞争环境，实现产品的动销、市场的成长。

二、机会从何处来

市场到处是机会，但需要用心发现，找到匹配自己的机会。机会一定是在市场洞察中思考与分析出来的，绝对不是闭门造车造出来的。只有找到机会，才能创造新的竞争空间，从 0 到 1 再到 N，否则容易陷入耗战中，无法崛起。

我们永远要记住，发现市场机会通常不靠调研，而靠市场洞察。

洞察是通过现象发现本质，看见别人想不到的东西，看到背后的规律。

洞察不是研究消费者说什么，而是研究消费者为什么这样说；洞察不是研究终端卖什么，而是研究终端为什么这样卖；洞察不是研究什么产品畅销，而是研究它们是如何畅销起来的；洞察不是研究推广活动的好坏，而是研究这个阶段为什么做这样的推广等。

如果从营销 4P 角度思考，就是对比思考竞争产品、市场与自己，我们如何与别人不同，还有什么是别人没有做的，或者强势品牌没有必要做的空隙或利基在哪里。解决了这些问题，我们才能轻松、精准地投入到市场战争中，为产品动销、市场突破踏踏实实做基础，打造自己的江湖地位。

三、机会点在哪里

市场营销中有哪些机会点？我们从哪些方面发现、挖掘这些机会点？

市场营销离不开七个关键要素：产品、价格、区域、渠道、推广、模式、团队。我们就从七个方面进行剖析，成功机会点到底在哪里？

1. 产品层面

营销不能脱本。本是什么？是产品。所以，从产品上创造新的机会点，不仅有利于企业崛起，还有利于企业持续发展。

（1）包装机会。

你的产品包装能否显著区隔于竞争对手，而且有着匹配消费者接受度的包装风格呢？包装上的机会点，任何一个企业都能做到，关键在于是否用心去做。

纵观那些本来生存艰难或者初创的，后来依靠一定的营销模式取得成功的企业，它们身上都有一个共同的特征，就是产品包装与众不同，能从众多同质白酒中脱颖而出。三井小刀的刀型包装、老沧州酒的双壶包装、金裕皖酒的易拉罐瓶、范公的酒篓酒、桃林的一箱两瓶装等，这些包装的产品都曾经在区域市场一度引领潮流，或者目前还在引领潮流。

在江苏连云港一带，是三沟与一河强势争夺天下的市场。有一个小品牌，在这些强势品牌肉搏的环境下，不仅能够活得滋润，产品销售、品牌影响力也能逐渐提升。产品一上市，就能让消费者深刻认知并喜爱，开创了一个属于自己的竞争空间或机会。同样的盒装酒，别人 1×4 或 1×6 一箱，这个品牌 1×2 一箱；别人一瓶容量 8 两或 1 斤，这个品牌 1 瓶 1 斤半；别人最低一瓶卖，这个品牌最低一箱卖；别人 1 瓶 300 多元，这个品牌 1 箱 300 多元，开创了属于自己的消费天下。

对白酒营销来说，虽然酒质、营销模式很重要，但对消费者来说，包装却起着眼球效应与传播效应的作用，包装是独特卖点，消费者能快速记忆与快速传播，并形成流行。

（2）度数机会。

市场流行度数无法引起消费者注意，当消费趋势是另一种度数酒时，你能否发现其中机会，首先开创一种与众不同度数的产品，让消费者眼前一亮呢？

湖北石花酒业"霸王醉"就是一个典型的成功的度数细分成功案例。2001 年，由于企业体制不灵活等深层次的原因，酒业销售不过几百万元，面临破产边缘。2002 年，企业改制后迅速实现差异化创新营销，推出了第一高度酒"霸王醉"——清香型 70 度。在尊重消费者基本认知的前提下，用差异化的度数、差异化的香型、差异化的包装赢得了市场，销售额实现从 2002 年的 700 万元到现在近 10 亿元的规模。

（3）容量机会。

当市场容量都中规中矩时，大多是每瓶 1 斤装，你是否敢于开创新的需求，打造出更高容量或者更低容量的酒呢？一般容量大些比容量小些的成功的概率会更大。

在山东某市场，曾经发生过一起有趣的营销战。A品牌想打败某强势品牌B，什么方法、战术都用尽，依然无法撼动对手的强势地位，消费者还是以强势品牌为首选品牌。有一天，一个经销商开发一款1斤2两的产品，起了一个小名字叫"多二两"。没有想到，产品一上市就得到消费者的喜爱，产品动销、产品流行受到的阻力并不大。于是，企业配合经销商重点打造该产品，通过1年多的时间，该产品几乎抢夺了B品牌的畅销产品的全部市场份额，B品牌市场一落千丈。面对如此情况，B品牌尝试开发了不少新产品，甚至跟随模仿都以失败告终。最后，B品牌采用多一瓶的产品策略，大小母子瓶，一个包装里装两瓶酒，小名字叫"多一瓶"，才慢慢夺回失守的江山。

（4）香型机会。

如果市场上主流的香型是浓香型，而你在浓香型领域并没有多少竞争优势；与其跟随别人参与竞争，不如开辟一条属于自己的道路，创造一种在本市场明显区隔对手的香型。

山东菏泽有一家酒厂，五六年里生存艰难，现在发展成一个小而美的酒庄，年销售额大概2亿元。这家酒厂采取的策略——芝麻香酒大众化消费。芝麻香属于特殊香型，产品销售价格相对较高，而这家酒厂不仅坚持平民化消费，还专注于酒质、酒品，经常组织当地消费者到酒厂参观、指导。喜爱这个香型的消费群体逐渐增大，口碑传播越来越广，竞争力也越来越强，而且对手也拿这家酒厂没有办法，因为不在同一个竞争频道上。

（5）饮用方式机会。

打造一种场景喝法、饮用方式的机会，创造出本产品独特喝法，制造一种流行。

金六福推出的金六福九年坛，倡导的是"自己调制口味的酒"；双沟珍宝坊，开创了中国白酒自由调兑的先河，一瓶珍宝坊酒可分为上下两个独立部分，顶部小瓶装有68度原浆酒，底部大瓶装有41.8度优质酒，上下两种酒体，既可以单独饮用，又可以自由调兑饮用。

仰韶的彩陶坊，由其上的一两70度酒头、其下的九两45度的柔和仰韶窖藏组成，同样诉求于消费者可以根据个人喜好进行勾调。

国窖1573开始推广加冰饮用方式，策划了"开启12℃的奢华·国窖1573冰饮风尚"活动。

（6）功能机会。

随着消费者对白酒口味和功能需求的增多，按功能细分的市场存在着巨大商机，但是目前还没有出现领袖型品牌。目前功能性白酒市场还处于初级阶段，但也处于一种尴尬的消费认知中，消费者对此类酒的自然定位容易归属到保健酒的范畴内。

毛铺苦荞酒是一个健康功能性白酒，在原料使用上就有着独特差异化，从产品上市之初，通过精耕细作市场，目前已有几个亿的销售。

茅台推出自己的健康型白酒"茅台白金酒"，依靠产品功能差异化，再结合"白金礼行"专卖渠道差异化模式，在全国创造了不菲的成就和影响，这是名酒在品类差异化获得成功为数不多的案例之一。

（7）口感机会。

口感是一个被炒烂的概念，什么绵柔、柔雅、醇柔，其实口感没有什么变化，只是一种概念而已，没有什么实质性的创新。不过，在市场竞争中，如果你的产品口感真的像概念描述的那样，与对手有着明显的区隔，这也是很大的机会。

重庆某县城，以前是郎酒的天下，当地酒厂推出一款产品，用蜂蜜协调口感，饮用时特别舒服，而且饮后还没有头疼反应。产品上市以后，由于与强势品牌有明显区隔，通过1年多的培育，成为流行产品。

以上从七个方面说明产品本身创造的机会，产品是本，本根的机会是最容易成功的机会，希望大家在市场竞争中多从产品本身发现机会，这样不仅易于产品动销，更易于产品成功。

2. 价格带机会

找到竞争对手没有主打的价格带，倾力打造这个价格带，做这个价格带的领导者。

在徽酒面临江苏市场全线溃败的困境下，迎驾酒业依靠迎驾三星（零售价格约40元），依然稳占4亿元市场份额，而且牢牢锁住这个价格带不倒，不可谓不成功。因为在江苏市场，以洋河、今世缘、双沟为核心的三大品牌，把竞争的焦点集中在60元以上的产品，留有很大的空间给外来品牌。而 35~40 元的价格带，对于它们来说不是主流的价格带，根本没有放在眼里。但是 35~40 元的产品在各个市场的销量汇集起来，10 多亿元的销售额不能不让江苏酒为之震撼。

金裕皖酒——从光瓶酒发展而来的"黑马"，如今在安徽白酒中已经成为一个响当当的品牌了。从零起步，抓住价格空档切入市场，金裕皖以此为开端。2003 年以后，徽酒大企业开始集中在中高端价位进行竞争，金裕皖酒则从中低档产品价格带入手，采用中高端白酒的市场运作方法运作中低档酒。根据市场实际情况，实行一地一策、一店一策，先后在淮南、合肥市场取得较大成功，成为当地市场这一价格带的绝对领导品牌，被称为"金裕皖模式"。在当时来看，金裕皖酒开创了低端酒运作的先河。

3. 区域机会

区域机会有两种：一是选择最容易突破的区域，吃柿子要拣软的，最利于撬动市场的山头；二是选择具备战略性的区域，占领此山头，市场竞争格局容易产生变化。具体来说，可以是乡镇、城乡接合处、竞品下滑或弱势的区域、某条样板街、某条商业街、社区等。

有机会的区域不在于大或者小，而在于战略价值、突破价值、影响价值（内外）、模式价值。

5 年前，笔者在服务安徽的一家酒厂时，发现四川一家叫小角楼的酒厂在某个县的许多乡镇市场做得非常好，几乎处于垄断地位，使我产生了很大兴趣。调研发现，这家做小角楼酒的经销商，由于没有实力，厂家支持也不大，很难直接从县城开始操作市场，而且很难从中高端产品入手。因为直接从县城操作，直接操作中高端产品要投入很多资源。限于资源贫乏，小角楼的经销商只选择了一个自己在当地人脉比较丰富的乡镇，从中低端酒着手操作。由于产品没有知名度、缺少资金做广告，小角楼经销商采取先赊销卖完付款的方式，而且在此操作过程中，频繁做一些免费品鉴活动，根据酒店终端老板的心思，给予独家经销产品权，大大提高了客户主推的积极性。不出6个月，小角楼的产品在这个乡镇销售的势头很旺。

然后，这个经销商又选择了一个比较大的镇，在当地找一个分销商，借助分销商的网络和资源，着手操作第二个乡镇市场。小角楼经销商通过一个一个乡镇地突破，成熟的乡镇市场越来越多，日子过得非常舒服，手中可利用的资金也多了。由于乡镇市场的辐射和影响，城区许多终端主动找小角楼的经销商合作。

4. 渠道机会

在渠道寻找机会，是非常困难的，但是必须寻找，这需要你有一双会发现的眼睛与一个灵活、缜密的大脑。

渠道的机会在哪里？在竞争产品那里，在终端那里，在消费场景那里。

为什么说在竞争产品那里？打个比方，如果竞争产品在某个渠道已经不被主推，甚至被封杀了，这就是你的机会；如果竞争产品因为畅销，在目前已经不太重视那种渠道了，如餐饮渠道、婚庆渠道，这对你就是一种机会；如果竞争产品畅销，和终端店客情关系没有那么好了，这也是你的机会；等等。

为什么说在终端那里？如果大家在终端店没有做强势氛围，你做了，这就是你的机会；如果大家在终端店里没有做消费者互动，你做了，这就是你的机会；如果大家没有系统聚焦核心店的工程，你有这样的工程，这就是你的机会。

为什么说在消费场景那里？消费往往容易跟风，你能制造出现场消费的场景，就会在这个渠道打开一个缺口。如婚庆渠道，如果你能在短短几个月内，联合一切资源，整合婚庆帮办、管事的人、酒店婚庆主管、核心流通店，在婚庆用酒上主推你的产品，而且用酒的家数很多，这时你就容易成为婚庆渠道流行产品，进而影响其他渠道，这就是消费场景制造的机会。

如果你有能力整合当地核心的餐饮店、流通店，让它们主推你的产品，这也是一种强大的渠道机会。

2014年夏天，在保定市内的某县城，有家企业专门成立喜宴消费攻坚队，用短短3个月时间，开发了喜宴关键人300多位，实现全年喜宴用酒1000多万元的销售额，不仅带动其他渠道产品的快速动销，还实现了产品在当地的流行。

5. 推广机会

根据市场情况、根据终端情况，发现对手没有做的，这就是机会，然后，集中资源、低成本、极致地去做。

推广机会注意两点：一是对手没有做的或不屑做的；二是要做就集中资源、集中区域、集中时间做。否则，即使是机会也创造不了价值。

某企业利用民墙做墙体广告，集中选择几个核心区域的1000家民墙，每月给予每家2瓶酒，签订协议，成为城市的一道靓丽的风景，而且培养了1000家口碑用户，效果很好。

某企业针对本城市流动的货车（厢货车与面包车），举办贴车体广告送一年保险的活动，2000多辆广告车在这个城市里流动，宣传效果很好。

某企业卖酒送保险，买多少钱的酒送多少钱的车险（当然有最低标准），同时要求车主在尾部贴上本品牌单透广告，而且还建立了社群，效果非常好。

在终端陈列多少送多少，最好不要是本品，否则容易乱价，产品易夭折，最好送小瓶酒，老板还能卖，还不会乱价。

夏日来了，终端促销活动针对流通渠道送太阳伞、针对餐饮渠道送四角帐篷，都是很不错的推广机会。走进社区、走进餐饮一条街、走进乡镇，做路演推广活动，多与消费者互动，让销售与推广融合到一起。江小白不仅进行消费细分，甚至在营销推广上都进行细分，通过微博、微信等社会化细分媒体营销，在行业内也创造了不小的影响力与品牌价值。

6. 模式机会

营销模式没有好坏、过时流行之分，只有适合与否。再好的模式，企业不匹配，都是蹩脚的模式。

一些地方企业，面对强势竞争品牌的蚕食与挤压，硬拼只有死路一条。面对这种形势，它们选择做强势对手不愿意做的，就是在当地打造自家酿造的散酒连锁体验馆，店内现场体验烧酒，现场选择、现场购买，也是一种不错的生存方式，而且活得非常滋润。

还有一些地方企业，无论规模、资源、品牌等软硬条件都无法与强大的企业或品牌展开直接竞争，它们把自己的企业在当地打造成小而美的酒庄，与大企业酒厂的现代化、规模化的酿造风格完全不同。它们复古，采取古老传统的展示风格，在这里可以体验到一种与大企业完全不同的文化气息，形成自己独特的生存空间。它们的消费群体忠诚度很高，而且消费用户是逐渐增加的，日子过得很不错，影响力也慢慢增强。

2014年，某企业面临终端经营迷茫问题，于是专门针对餐饮、流通终端成立商学院，每月一课，使大家不仅利益捆绑在一起，心也捆绑在一起。每年两次订货会，在中秋、春节期间，效果非常好，而且现在成立了社群、众筹、定制、会销，日常销售深度融合在一起。

7. 团队机会

面对对手的单兵作战，我们采取群狼战术，再凶猛的老虎也难以招架群狼的围攻，何况是训练有素的队伍。

对于市场突破与产品动销，再没有比这样的聚焦区域、聚焦资源、聚焦人力、聚焦推广打歼灭战的营销手法更有效的了。

在白酒行业，有一个光瓶酒品牌叫三井小刀，他们只要选中一个市场，厂家一次派出一支团队、七八辆车，经理、经销商、业务人员共同聚焦区域，一城两镇，进行铺货、陈列、终端店氛围打造、终端店推广活动搅动、消费者互动推广、原点人群培养等，利用两个月时间把市场动销、旺销氛围搅动起来，形成市场突破，然后再去打别的市场，所向披靡。

找到机会就一定能够成功吗？非也！机会只是让竞争更容易！但没有找到机会一定很难成功，因为竞争虽然是定位的竞争，但同样离不开资源的竞争。

第二节　价值在于匹配性

唯有匹配才能产生谐和之美。过犹不及，不要美中不足。

在市场营销中，匹配性的操作，不仅能够创造产品动销的势能，更能体现工作的高效性。尤其新产品上市，一定是以动销为原点，选择产品容易突破之处，做匹配产品动销的事情，否则一旦产品困于终端，产品动销之势必将遭遇打击。

一、策略匹配性

这个匹配性是产品能否快速动销、能否成功的关键之关键，所以被排在首位，是在市场运作过程中必须思考的问题。战争的胜负决定在战争之前，懂得规律，方易胜出。

市场进攻的初始阶段需要深刻明白与主抓以下七个工程：

（1）**产品的差异化**。凡是跟风产品，通常只能起到打击竞争产品作用，不可能通过打击竞争产品颠覆市场。只有差异化产品才能够与对手区隔，从而使对手长期积累的"规模优势"变成"规模包袱"，才能够成功地为企业在行业定位，而一个没有独特定位的企业是不可能被消费者记住的。所谓差异化产品并不一定有重大差异，只要消费者感觉有差异就行，名称差异、包装差异（母子瓶）、价格带差异、容量差异、促销差异都可能形成差异化。

（2）**产品的主导化**。主导产品单品突破，抓住能够快速上量，与企业品牌、资源相匹配，具备竞争机会的主流价格带。只有产品成功了，市场才容易突破，品牌才能成功。

（3）**产品结构化**。打造科学有序的产品梯队。价位主导型、基层防护型、未来培育型三支产品，既有结构，又有重心，所有的营销必须聚焦到主导价格的主推产品上。

（4）**价格趋高化**。产品初始定位略高于其最终定位，"高开低走"，这是推广新产品的基本规律。与竞争产品竞争，"以高打低俯冲"比"以低打高仰攻"成功率更高。质量好一点，卖相强一点，价格高一点，利空大一点，推广猛一点，活动多一点。

（5）**聚焦化**。聚焦资源，重点突破。聚焦推广形式、聚焦核心渠道；主推哪个，聚焦哪个。不要渴望初始阶段每个产品都成功、每个渠道都爆发，一定是核心渠道先爆发，带动其他渠道快速流通。攻城：单点突破；守城：系统防御。

（6）**试点化**。局部试点，样板打造，快速复制。

（7）**服务化**。在重点突破时必须深度抓住四个工程。只要做好这四项工作，足以在一个新市场立住脚，为以后的销量倍增提供基础。

一是实现对核心终端的深度掌控与深度服务。

二是对主攻区域的精细化运作。

三是在半年左右的时间内通过消费推动（消费活动拉动）、人员推动（深度服务与紧密合作）、政策推动（渠道促销）三股营销力量的强力推动。

四是在一年之间给予主导产品四波左右的渠道促销推动。

这些基本规律要懂得，否则，产品的动销、市场的突破、营销的成功，都是一种儿戏。即使成功了，也是偶然，而失败却是必然。

二、布局匹配性

人人都想一口吃成个胖子,人人都想一步登天,但现实却是要让人必须明白万物成长规律,根据现有资源状况决定营销策略,步步为营才是上策。

三大布局:一是市场布局,二是渠道布局,三是推广布局。

市场布局:主要指是点上突破,还是点面结合,还是面上覆盖?许多人的常规思维多是面上覆盖,所有的区域都不放过;只有少部分人实行点上突破,即聚焦小区域,进行打透打穿;更少部分人明白,聚焦小区域也有风险,容易点死面亡。于是,采取点上突破、面上布局,点是聚焦小区域,面上布局其他区域的核心店,打造点面皆活的布局策略。

渠道布局:主要指聚焦单一渠道突破,还是多元复合渠道进攻,还是单一渠道为主、其他渠道为辅,配合进攻?

推广布局:主要指是城市广告为主,还是终端氛围为主,还是消费者互动为主,还是这三者相互结合?是终端氛围与消费互动一前一后,还是氛围与互动同时进行?

三、季节匹配性

一年分四季,四季中有淡季也有旺季;产品也有生命周期,分导入期、成长期、成熟期、衰退期四个阶段。

淡季导入新产品,是一场攻坚战,更是一场谋略战,只有导入匹配性的工作才能产生更大效果。所以,淡旺季工作重心的选择是:淡季做核心,旺季重占有率;淡季做市场,旺季做销量;淡季要聚焦，旺季求覆盖。

6月至8月是白酒消费全年最淡的时期，此时烟酒店老板根本没有接货的意愿。新产品上市，即使老板接货，动销也很困难，容易滞销。只有那些团购资源丰富与常客比较多的核心客户动销的问题不大。这时我们绝对不能求面，而是要抓核心重点终端。另外，餐饮渠道亦可作为主攻对象，以B、C类火爆餐饮和特色火爆店作为突破口进行铺货。

四、终端匹配性

有效终端与无效终端的选择很重要。动销要求有效性，让资源聚焦到有效终端上，比分散到所有终端上的效果大不一样，有效性一定大于全面性。

2000件酒，陈列到100家核心店，陈列多少送多少，陈列气势逼人，分散到1000家终端就看不到效果。

在开发终端店的过程中，经常会出现开发顺序错乱的问题。比如将终端分为三种类型：A类网点：销量大，难攻克；B类网点：销量一般，费些功夫；C类网点：销量少，给好处就可进店。这三类终端中，C类网点最容易开发，所以，大部分业务人员首先选择该类网点，而销量大、难以攻克的终端却放弃了。造成产品在这些不匹配的终端里，最终难成气候。

五、政策匹配性

价值决定收获，不同价值的终端，得到的政策投入一定存在差异性。否则，价值贡献大的不满意；价值贡献小的，因为产品滞销容易把政策折算到价格中，进行低价卖货，扰乱市场。那么，不同终端如何做政策支持？

核心终端可能会陈列支持大，常规进货政策一样，再设计坎级政策支持，以及特殊贡献奖励；而普通店可能是一般陈列支持，常规进货政策，千万不要因为销量任务，而对这些普通终端用坎级政策、大陈列政策、特殊奖励诱惑他们，进行压货，结果在市场中埋了很多炸弹。

六、资源匹配性

多大资源成就多大市场。资源不匹配下的贪多求大，是失败的根源。许多企业喜欢全线进攻，每一处资源投入都不显山不露水，实际上资源投入也不少，但由于不够集中，被淹没在茫茫大海般的市场中，结果没有一处做得出色。

市场操作中能够展现营销人高超的技能之处，往往在于资源的分配与利用上。如何以最少资源收获最大收益？把资源用到最容易突破的地方，把资源用到某一个最有利的点上，进而带动整个市场推进或突破。

七、推广匹配性

万事万物皆有规律，做事或做市不能为了做而做，要在掌握规律的基础上，有目的地做。

推广氛围分为静态推广与动态推广。静态是指氛围营造，动态是指消费者互动。

若想市场有效运作，或者产品高效动销，往往是先有氛围，再做互动。如果没有氛围营造的基础，做消费互动推广活动是难以引起消费者共鸣或巩固消费者印象的，互动仅仅成了互动，仅仅是孤立的活动而已。

先推力，再拉力，没有终端积极地推荐你的产品，消费者拉力活动往往孤掌难鸣，效果大打折扣，这里排除利用消费者活动进行终端网点开发的工作。

具体氛围如何营造，消费者互动如何做，这里就不再多言，有专门章节进行详细阐述。

八、组织匹配性

组织匹配性主要指三个层面：一是组织成员数量；二是考核管理制度；三是组织结构。

组织成员数量（仅仅针对业务层面）：由终端数量、路线、区域及进攻策略决定。如每个人一般负责 120~150 家终端，这些终端恰恰在一条线路上或者一个区域内，这样成本最低、效率最高。但也可能根据区域重要性及区域重点突破的迫切性决定某些区域配置人数可能相对较多。

考核管理制度：以销量为主还是以市场建设为主？

如果以销量为主，你的考核管理规则就是以销量论英雄。以高提成、高刺激，驱动业务人员工作的积极性，缺点是业务人员容易以卖货为主导，根本不关注市场，甚至透支市场，为了卖货蒙骗终端。

如果以市场为主，那就是重过程绩效、市场行为绩效，一切以市场基础建设为主。业务人员做好基础工作就能得到满意的收入，这是劳动回报。而提成则是业务人员的销售成果回报。这样做，市场会慢慢走向企业希望的道路上，销量自然也会随之提升。而且绩效对组织来说，是一种可变动的标准，每个阶段的工作重点在哪里，你的考核重心就在哪里，业务行为动作就在哪里。

组织结构：既然是组织，必然有结构、有核心人员。

在市场突破阶段或产品初级导入并动销阶段，组织结构越扁平越好，管理者也是一线带兵者，只是工作的重心与负责重点不同罢了。经理或主管主要负责核心大客户，但销售业绩归所属区域业务人员。这样做有利于大家为了共同目标，把市场做起来。不要过度在意是否完善，不要过度在意形式主义，匹配的组织才是高效的组织。

第三节　把握节奏性

市场突破、产品动销有着其内在的规律与节奏，我们需要考虑先做什么后做什么以及做多久。如果我们远离这些规律，要么事倍功半，要么中途夭折，要么不死不活。

节奏性是指产品由导入到畅销过程中关键性的先后动作的选择与把握，避免发生时间、空间、状态上的不匹配，削弱产品成功畅销的能量积淀。

下面我们从四个维度分析这一问题：消费的节奏性、推出的时机性、布点的节奏性、推广动作的节奏性。

一、消费的节奏性

一个陌生产品的消费绝对存在节奏性，不可能横空流行起来。

消费者一定先是认知，再认可、认同，最后主动消费。

1. 消费者认知：把握推荐的抓手

产品导入市场的第一要务是解决消费者对产品的认知工作。

从产品销售的链条来看，产品由厂家研发生产，厂家或经销商通过渠道终端展示给消费者，消费者通过终端产生购买行为。

在目标消费者对产品属性一无所知时，终端是消费者接触产品的有效窗口。在这个阶段解决终端的推荐力，是解决消费者对产品认知的关键，终端是资源投入的重点。

产品导入阶段的常用策略是通过给终端政策，通过保证核心终端（有强大推荐力并不喜欢乱价）有较高的利润空间，以激发终端销售的积极性，争取终端的第一推荐力。

2. 消费者认可：创造体验的场景

消费者对产品的认可是产品导入市场后持续培育过程的工作，关键是要解决消费者对产品的尝试性消费。

在终端有较大的利润空间下，产品在终端的推荐下会有一些消费者尝试性地消费，但为了能够快速地培育消费者，适当的消费者拉动是消费者尝试购买行为的驱动力。

龙江龙1902产品在哈尔滨市场B、C类餐饮渠道，通过点上的消费者促销拉动促进产品的阶段性动销，成功地解决了消费者对产品的尝试性消费。在B、C类餐饮渠道相对集中的街道展开活动，即凡在店内消费龙江龙1902产品一瓶即可参加抽奖活动，活动持续1个月，通过终端的推力和消费者拉力相结合有效地刺激了消费者消费。

3. 消费的主动：主动源于拉动

消费者主动，是消费者对产品认可后产生的结果。这是经过对消费者的培育，先让部分消费者开始主动消费，再解决面上的跟风消费者主动消费的问题。先依靠推荐启动小众，再促销推广拉动大众。

产品在获得消费者认可后，结合面上跟风消费者活动的诱导或拉动，产品的放量将水到渠成。

黑龙江某地方品牌大众价位的大部优产品已经有较广泛的消费者认知度和认可度，之前没有任何的面上消费者活动。2013年年底该产品开始做面上的消费者刮奖活动，受到消费者的热烈追捧，产品动销明显加快。

这里可能会有一个疑问：为什么我们不在产品刚上市的时候就开始做面上的消费者活动呢？

且不说前期费用有限的问题，如果在产品上市初期就做面上消费者活动可能出现两个致命的问题：

一是会给消费者"羊毛出在羊身上"的感受，消费者不会感觉到消费者活动的实惠，一旦后期缩小渠道政策后，产品的动销可能会出现问题。

二是一开始就做面上消费者活动，消费者会认为该活动是产品本身就应该存在的，一旦活动缩小力度投入或取消投入，产品可能会滞销。

二、推出的时机性

新产品上市,一定要在老产品还畅销之际。当老产品走下坡路时,新产品就可以及时替代老产品了,这样就没有必要通过强力政策挽救老产品了,避免陷入断代危机。

这犹如一个人要想传宗接代,一定不能等到快死的时候才去生孩子,一定要在二三十岁年轻力壮时生孩子,在退休之时抱孙子,这样才能生生不息。

两三年喝倒一个品牌,其实喝倒的不是品牌,而是产品。因为两三年喝倒一个产品后,新产品跟不上,结果就成了喝倒一个品牌。所以,两三年喝倒一个产品正常,但喝倒一个品牌却不正常。从正常变为不正常,根源在于没掌握好新产品推广的时机。

一家白酒企业在旺季已经过半的 12 月份上市了一款新产品,只赶上旺季结尾,没有多大的销量,紧接着就赶上春节后长达半年的淡季,又没有销量。等到第二个旺季到来时,通路因为对已经半老不新的产品没有信心,都不愿经销,一个很好的产品就这样夭折了。

另一家白酒企业,在 5 月份上市新产品,通过政策影响、生动化陈列、核心消费者教育熬过淡季,迎来中秋旺季,由于销量不错,新产品立住了脚。没过几个月,又赶上春节旺季,新产品成为畅销产品。

淡季推广新产品可以成功,旺季推广新产品也可以成功,但在旺季的结尾推广新产品很难成功。因此，推广新产品必须掌握时机。

新产品推广，重要的是一个推字。

推动新产品的影响有三种方式：一是政策推动，比如促销；二是人员推动，比如强力搅动；三是季节推动。当这三种推动力量合为一体时，新产品推广速度就会加快。

不过，淡季推广新产品，季节容易成为反推力，怎样做才能成功呢？

淡季推广新产品必须特别注意一点：一定不能全面推广，只能重点推广。因为重点终端在淡季也有较大销量，而普通终端在淡季连老产品都卖不动，怎么会有能力推广新产品？同时，由于重点终端起着引导消费的作用，可以利用重点终端在淡季培育消费群。由于有重点终端的引导，当旺季到来时，产品全面铺向普通终端就能很快动销。

新产品推广，信心是关键。再好的产品，只要卖不动，大家一定会对产品知识、政策、营销模式产生怀疑。

旺季推广，信心问题比较容易解决；淡季推广，只有重点终端能够带来信心。新产品在淡季都能够进入重点终端，这会给普通终端和厂家信心。所以，新产品上市的时机问题，实质上是解决信心问题。

在旺季快结束时，推广新产品很容易遭遇信心危机。新产品虽很容易在旺季铺货，但稳定的消费群体没有形成。当淡季到来时，新产品在普通终端销量急剧下降，甚至退出终端，会让整个市场形成悲观氛围。在下一个旺季到来时，经销商和终端已不愿意再销售这个曾经走过下坡路的产品。

三、布点的节奏性

一家县级白酒经销商由于所经销的两个主导品种老化,就说服厂家提供了一个升级型的新产品。新产品5月份到货后,经销商夫妻在操作模式上发生了矛盾:丈夫的计划是先只铺核心终端,等到8月底再全面铺开。妻子认为,现在就有人上门提货,不卖白不卖,卖一瓶算一瓶,主张全面铺开。

该经销商推广的老品牌新产品,在淡季全面铺货也可能成功,但淡季铺货率越高,新产品老化的速度越快。因此,我们强烈支持其丈夫提出的有节奏的新产品推广模式。

新产品上市一定根据产品价格定位进行终端层次选择性合作。无论酒店终端还是流通终端,都存在着领袖型终端与跟随型终端,领袖型终端销量大、资源多、加价率较高、愿意推新产品,可以实现终端直供;而跟随型终端多是小终端,不愿冒风险、怕产品滞销、加价率较低,多愿意卖畅销产品。

按照其丈夫的计划,淡季铺核心网点,由于有利可图,一定会极力推荐,从而起到引导消费的作用。在8月底白酒旺季到来之前,全面铺开。由于前期的引导,再加上价格下降,销量会急剧上升。

其实,老产品是因为忠诚的消费者愿意买而畅销,新产品必须有人愿意卖才可能畅销。因此,新产品推广,关键是创造让终端愿意卖的理由。

终端愿意费力推新产品的理由很简单:更高的利润。除非有强力市场拉动,新产品只有给通路和终端创造更高的利润,才有可能畅销。

在新产品推广时，应该仔细分析一下终端，把那些既能引导消费，又能够在初期把握价格的终端找出来。在推广新产品时，把握好推广节奏，不能只追求铺货率，还要追求推荐率。

目前，很多企业已经犯了铺货率崇拜症，把铺货率作为最重要的考核指标。结果造成货铺得到处都是，就是不动销的局面。

把握新产品推广的节奏，就是要在初期把推荐率放在优先考虑的位置，先给那些愿意推荐新产品的企业铺货，这样的铺货才是有质量的铺货。

终端的推荐一定建立在利润基础之上，因此，把握新产品推广节奏，实质也是把握价格变化的节奏。

四、推广动作节奏性

考虑到新产品上市前期预热、铺货，后期一系列动销等动作，同时结合白酒销售时间节点、产品消费特性等因素，新产品上市期应控制在半年左右。拖得太长，渠道及终端无法持续性地维持热度；时间过短，则动作无法开展，同样达不到新产品培育的目的。

下面我们将以半年为时间段，就每一个时间节点下的市场指标、对应的市场动作一一进行分解。

步骤一：广告先行，市场初步预热。

时间：8月中下旬至8月底。

节点：中秋节过后。

执行要点：

（1）新产品上市最重要的一点就是要学会借势，借助一切可能引起渠道、终端注意的事件进行宣传。

（2）利用中秋节期间本品订货会营造的市场热度进行借势，在城区十字路口、主干道、大型广场、乡镇主干道等显眼位置投放门头、户外大牌、道旗等落地性广告。

（3）广宣投放的过程中有几个关键点：

一是投放节奏的把握，要求短期内集中性、爆炸式投放（一个礼拜集中性投放50家门头，2个户外大牌，两条主干街道旗广告灯），最好给人一种"忽如一夜春风来"的感觉，快速吸引渠道及终端注意力。

二是投放的主画面统一，易于传播。

三是投放的位置必须是人流量较多的位置。

步骤二：借助新产品上市发布会，搭建渠道网络。

时间：8月底至9月初。

执行要点：

（1）在新产品上市发布会召开之前，由各片区业务经理进行意向经销商摸排。将有意向的经销商提前邀请到酒厂参加"新产品上市财富分享会"，由销售公司总经理向经销商就行业形势、酒厂未来发展规划、新产品定位及操作模式、新产品政策等进行讲解。

（2）在新产品上市发布会期间，除了销售总经理对产品定位及运作模式、政策等方面进行讲解外，重要的是邀请已经达成合作的经销商进行现场签约，给予其他意向经销商信心，同时会后对意向经销商及时跟进，快速完成经销网络的搭建。

步骤三：带奖铺货，实现终端快速布局。

时间：9月初至9月底。

执行要点：

（1）经销网络搭建完成之后，借助新产品上市发布会营造的市场热度，联合经销商开展新产品铺货。同时，铺货前要针对业务人员进行培训：政策的讲解、终端氛围营造标准、终端铺话术、组织分工、网点登记表等。

（2）如果要求铺货的目标网点数过多，可以分阶段进行，最忌讳单次时间过长，这样不仅容易使得组织疲惫，更重要的是容易导致产品"夹生"，"一鼓作气，再而衰，三而竭"说的就是这个道理。

（3）此外，为了解决经销商及业务人员铺货的积极性的问题，快速实现产品铺货，在将各产品规定的铺货家数分片区划分到责任业务人员的同时，针对经销商可以给予网络建设奖（完成规定铺货网点数，分坎级按照回款金额给予奖励）。针对业务人员，分产品、按铺货家数给予现金奖励，如表5-1所示。

表5-1 针对业务人员分产品、按铺货家数给予现金奖励

产品	标价	片区网点规划	经销商奖励	业务员奖励
产品A	78元/瓶	20家	20~30家，2%的奖励 30~40家，3%的奖励 40家以上，4%的奖励	完成规划家数，按照8元/家奖励
产品B	30元/瓶	30家	30~40家，2%的奖励 40~50家，3%的奖励 50家以上，4%的奖励	完成规划家数，按照5元/家奖励

步骤四：消费者促销活动，快速拉动产品动销。

时间：9月初至春节后。

执行要点：

（1）消费者促销活动与新产品铺货同步开展。在开展消费者促销活动的过程中，有两点最关键：一是奖品的设置，二是活动的

宣传。

（2）在奖品设置的过程中，注重增加对"再来一瓶"中奖比例的投放（一箱里面投放 2 个为佳，中奖率低了，吸引不了消费者；中奖率过高，影响终端推荐的积极性），通过连环中奖的形式快速引爆市场。

（3）活动宣传的方式及内容要配合消费者促销活动开展的节奏进行投放。

（4）在开展消费者促销活动的同时，针对终端开展收集奖卡有奖活动，如 10 张奖卡兑换一瓶本品，充分激发终端推荐的积极性。

（5）通过推拉的有效结合，快速实现产品动销。

步骤五：新产品客情联谊抽奖，持续引爆市场。

时间：11 月初、12 月初、1 月初。

执行要点：

（1）在开展终端收集奖卡有奖活动的同时，针对新产品动销较好的终端（如 10 张奖卡兑换一张抽奖券），每月开展一次新产品客情联谊抽奖会。

（2）新产品客情联谊抽奖要注重对奖项的设置：大奖要有足够的吸引力，制造话题；小奖布面（中奖率 50% 以上），维持市场热度。

（3）客情联谊抽奖结束之后，如果铺货网点不足，可以借助客情联谊抽奖营造的终端热度快速开展新一轮的铺货活动。

（4）同时，1 月初的新产品动销抽奖可以与即将到来的春节终端收款相结合，提前向终端进行预热，为后期老品的收款预热。

步骤六：保量店建设 + 整箱购买有礼。

时间：12 月初至元宵节。

执行要点：

（1）针对新产品而言，春节不仅仅是冲击销量，更重要的是促进产品快速发育，因而在这段时间里需要注意对推拉结合的有效运用。

（2）在推的方面，可以进行适量的保量店建设。但是保量店建设最大的问题是不利于价格的稳定，为了将乱价影响降到最小，可以采取以下三方面的措施：

一是保量店签约统一由业务经理直接签约，同时将保量店签约与价格管控纳入当月各片区业务经理绩效考核。

二是保量店的奖励采取暗返的形式。

三是与终端签订保密协议：一方面，严格要求终端政策不外泄；另一方面，要求按照厂家指导价进行销售，一旦违反任何一条规定，取消年终奖励，严格执行，绝不姑息。

（3）在拉的方面，针对消费者开展整箱购买有礼活动，奖品要求简单、实用，如羊年的时候整箱购买赠送大金羊、台历或年画等。

新产品上市有两点最关键：一是充沛资源的保障；二是节奏的把握。

只有资源得以保障，才能对新产品上市进行持续性动作的开展，同时通过对节奏精准的把握，开展一轮又一轮的活动持续性搅动市场，最终使产品快速上量，避免造成"夹生"。

第四节　胜出就要聚焦

决定产品动销的核心关键词更在于聚焦。

许多经销商朋友和厂家总是喜欢埋怨自己什么动作都做了，产品还是动销难、动销慢。这是为什么？

什么动作都做了，等于什么动作都没做，等于什么动作都没有做到有效点上，没有找到突破口、没有聚焦动作、没有聚焦资源，市场动作难以在消费者、终端客户的眼睛里、心智中形成强大的震撼力与影响力。

集中力量，做出特色、做出气势，让终端与消费者为之叫绝。要知道，唯有专注才有极致，唯有极致才有亮点。集中力量，局部优先，单点突破。

在营销4P中，产品、价格、渠道、推广之间的关系，并非大家认为的平行关系，而是1P+3P的圆锥形关系。让最强的、最有力的1P作为锥尖，找到最薄冰层点，一锥捅破天。

一、产品聚焦

围绕一款核心产品，万千宠爱集于一身，打造一个大单品。也就是主推哪个产品，就狠狠地塑造哪个产品，一定要打造超级单品，让所有的陈列、生动化、广告、品鉴、促销等都以这个产品为主导。让消费者看到这个产品在市场上表现突出，活跃度非常高。消费者容易被市场上表现最活跃的产品影响心智认知。最后做到以点带面、整体获判。但是，聚焦的产品一定要有卖点，口感有特点、包装有亮点、概念有诱点。

二、区域聚焦

做市场、做突破、做产品动销，如果撒面、撒网做市场，市场爆破速度慢，资源要求高，而且市场容易陷入一种不死不活的状态。

如何选择聚焦区域呢？你可以选择一个镇，也可以选择一个区，也可以选择一个样板街区，甚至可以选择一定数量的核心店，这些都可以统称为聚焦区域。

不过，聚焦的区域有三个条件：一是易于突破；二是具备辐射力，不能是孤岛区域；三是有销量贡献价值。

山东花冠进攻济宁的梁山市场，聚焦流通定价25元价位，餐饮定价40多元价位的冠群芳单品，依托这个价格带、这个单品，同时聚焦单一渠道餐饮店，打造样板街，实现快速突破。目前花冠这个县城销量约有5000万元。要把有限的营销资源集中于单品上，然后通过系列营销策略的组合运用进行市场推广和品牌建设。

三、主题聚焦

这里指的是产品推广，要有年度主题线索，而且只能有一条。这个主题是最能展示产品特点和凝聚消费者的，如威龙的有机主题、同仁堂的健康主题、龙江家园的爽朗、炸弹二锅头的时尚。围绕这些主题设置每个阶段的推广活动，活动一定要体现主题。

四、时间聚焦

要想引起轰动效应，必须做到动作落地的时间集中。比如1～2个月内集中铺货、1个月集中生动化陈列，2个月集中赠酒。

五、铺货聚焦

目前一般方式为业务分区、全面推进，效率较低，进度较慢。

而且单兵作战，不易于监控。建议在当地招9~12人成立铺货突击队，分成三组，每组由厂家老业务员带领、一人主谈、一人生动化、一人协理。3月至5月集中铺货，铺货顺序遵从先城区后乡镇、先重点后普通、先大户后小户的原则。新招的业务人员不需要有丰富的经验，以年轻、实干为要求。其中，表现较好的业务人员转正，划定区域；不合格的业务人员，直接淘汰。半个月内迅速完成区域铺货，铺货率达到60%以上。

六、推广聚焦

市场营销中的推广形式非常多，哪一种才最有效果呢？这要根据市场竞争情况、资源多寡情况、产品所处阶段决定。如新产品上市阶段，推广往往聚焦在两个方面：一是核心店的店内外的氛围打造，尤其是产品的大陈列，陈列数量多、位置好、专柜、专架陈列更好，主导产品不要低于10个面。二是消费者的体验、品鉴、互动等拉动活动，让大家感觉这个产品的市场活跃度非常高。

在区域设置生动化突击小组，专职终端生动化工作。标准化物料：背胶海报、墙体铁架子喷绘或背胶大喷。张贴原则：终端内外能贴的地方尽量贴上，终端外适宜做大喷广告的地方都做。集中组织生动化大突击活动，1~2天时间，每组配临时工2人，制定生动化路线，货车拉铁架子、大喷画面和海报，沿路线布置，迅速提升氛围。首选位置：城乡接合部和乡镇重要路口、街道、楼体墙体、核心餐饮终端内外及附近。

七、渠道聚焦

在特定区域专注于特定的能够快速走量、引爆的渠道集中力量进攻，单一渠道极致化，做深、做透、做彻底。

由于各地市场情况不同、产品定位不同，可以选择餐饮渠道、烟酒店渠道、喜宴渠道、社区老店渠道等，哪个具备领袖、领导、走量、快速爆破的能力，就选择哪个渠道。

皖酒旗下的百年皖酒天青产品是蚌埠某一经销商的买断产品。尽管皖酒品牌在当地有着强大的品牌背景，但由于资金限制，在渠道推进方面，该经销商并没有选择全面铺开，而是选择自身资源相对丰富的某个区。通过渠道细分，集中精力，大力投入公关团购渠道，成功打入该区的接待用酒，并选择性地对一些公务活动、商务活动频繁的酒店、会所进行辅助操作，经过一段时间的精耕细作后，天青已在意见领袖群中建立起很好的消费口碑，普通消费者主动消费该产品，消费氛围很快形成。2010年在春节来临之际，天青开始向二批渠道、名烟名酒店等常规渠道渗透，最后大获成功。

凸透镜能够把所有的光线聚焦于一点，实现能量的有效聚焦，产生点燃物体的功效。中小型白酒企业的市场操作人员也应该发挥凸透镜的聚焦作用，把分散和有限的企业资源尽量聚集于一个单一的渠道上，在这一聚焦点上实现超越行业巨头的竞争优势，并逐步通过复制运作，点燃更多的市场点。中小型白酒企业唯有通过聚焦化战略的实施，才能获得持续的发展动力，从而得以抗衡行业巨头。

八、资源聚焦

市场营销中最缺什么？资源与策略。资源不足，策略精准，亦有机会；策略欠缺，但资源充沛，可能也会有机会。如果资源不足，必须聚焦资源，把资源用于精准的方向上、精准的行动上、精准的突破上。"好钢用在刀刃上"就是这个意思。如把核心资源用于核心区域、核心渠道、核心网点、核心人群、核心推广模式上，以点带面，实现突破。把有限的人力、物力、财力聚焦到某一个点做到极致，引起轰动效应，才有机会引起震动。

企业政策投放通常是"量入为出"，销量大，市场政策多。但是，根据地市场恰恰不能"量入为出"，应该根据未来销量投放政策，即按照根据地形成后的销量投入政策。这样的做法当然有风险，但是根据地建设试点时，因为市场范围不大，所以能够承担风险。一般根据地市场采取"以资源换时间""以资源换市场""以十当一"。进攻型市场建设时投放政策最忌讳"添油战术"，即由于政策不到位而逐渐增加政策，无法形成爆发力。

九、人才聚焦

人才的聚焦有两种形式：一种是让优秀的人才聚焦到核心区域、核心渠道、核心网点上；另一种是聚焦人员，集中进攻某一个区域，用最短的时间，实现快速动销，然后转移人马，复制攻克第二个区域。这时，为了动销样板的快速实现，老板、经理等领导甚至都要亲临一线，带领大家一起作战。

无论是铺货行动还是推广活动，一定要人员聚焦，不要让业务人员单独行动或一个人同时做多项工作。虽然表面看是一人多劳，节省成本，但这种思维模式大错特错。我们要的是效果，不是出苦力，表面上是节省了人力，其实没有效果，战斗力越来越差才是最可怕的。另外，在进攻阶段要人多并且聚焦，维护阶段可以人少并划区分片。

人员聚焦是指企业把有限的销售人员聚焦到某一区域、渠道或产品上，打人海战、歼灭战。在新产品铺市阶段，如果将人员分散，那么每隔10天业务人员才能拜访一次所在区域内的终端店，市场效果不明显。如果把业务人员集中到一起，分成几个小组，对某个小的区域进行人海战术开发，所取得的效果会明显增大。

分片包干、画地为牢是市场建设的大忌。市场建设要以未来销量配置人员，在销量并不大时，人员反而比较多。于是，进攻型市场的人员政策就会与其他市场产生冲突，"提成制""包干制"肯定不适用。

十、消费聚焦

这里的消费聚焦是指核心意见领袖消费群体的聚焦，他们可以是餐饮店、烟酒店、社区老店的常客，可以是各个商业老板，可以是具备一定影响力，但平时又不被别人经常关注的人群。

消费者聚焦是指企业集中财力和精力，找到城区和乡镇的消费者领袖，让他们认可并推荐自己的产品，通过消费者领袖人群的消费建立口碑，制造消费流行趋势。因为白酒是社会交往和情感交流的润滑剂，消费者领袖是创造流行趋势的最佳人群。只要创造了产品流行氛围，就具备了根据地市场的发展基础。

某企业的喜事用酒在某县上市时，把每个乡镇市场、每个村的红白理事会的负责人聚集在一起召开品鉴会。企业还针对这些负责人拿出一定量的酒用于市场推广，结果喜事用酒上市后快速走红，提高了品牌的知名度和影响力，同时还带动了其他产品的销售。

十一、进攻要素聚焦

守住一座城池需要守好城内的每一个角落，这是一个系统工程。突破一座城池却只需要集中优势兵力突破一点即可。

这是两种截然不同的思维模式。在营销管理中，有"短板效应"与"长板效应"两种思维，这是木桶理论的两种解读。木桶能盛多少水，取决于最短的木板，因此，必须系统解决短板问题。这是典型的防守型思维。系统化是强势企业的优势，但即使系统化的敌人在作战时也不是系统化，而是单点突破。任何一场进攻性的战役，都必须是用自己最长木板的优势，寻找到对手最短木板的弱点，集中资源进行突破。这样才能呈现这场战役的特色，才能取得关键性的胜利。在市场营销战中，单一要素极致化才能有足够的资源进行投放，其效果才能引起消费者的关注，才能引起终端客户的青睐，才能在这场营销战役中打出属于自身优势的特色。

中国白酒行业普遍认为，寻求营销组合的横向一致性，以及系统营销的综合性是决胜白酒营销的关键。这对大型企业而言是毋庸置疑的。但是，这不是放之四海而皆准的真理。在中国典型的二元经济下，各区域市场竞争环境具有很大的差异性，对更多的区域中小白酒企业来说，系统竞争并不是最佳选择。

单一要素竞争一方面可以强化消费者或者渠道的认知，同时也可以降低企业的营销成本，是相对的低成本的有效营销模式。制胜市场的根本在于企业是否将营销"做到位"，而不是"做到底"。当然，到底是采取以产品为核心的营销模式，还是以渠道为核心的营销模式，就要看当地市场状况及企业自身情况。口子窖的渠道为王战略、郎酒的产品组合的群狼战术、金六福的品牌文化推广战略都成就了企业，我们有理由相信，未来中国白酒行业还会出现更多的"口子窖们"。

由于资金和品牌号召力方面处于弱势，中小企业在大企业的挤压下想获得长足发展并不容易。如果能把资源整合起来、合理分配利益，将有助于中小企业打开市场缺口。

劲酒是中国最早提出保健酒概念的企业，大力炒作"中国第一保健酒概念"并在央视大打广告，采取"广告+终端"的路线，走商超渠道，但市场效果并不好。2003年，劲酒调整战略路线，把目光投向了并不引人注意的小餐饮终端。这本是无奈的举动，却让劲酒发现了一个很大的市场，渠道成本低、竞争压力相对较小。消费者就餐时饮酒量大，而当时没有保健酒品牌采取这种渠道接近消费者。于是，劲酒通过125ml小方瓶，大力进驻C、D类餐饮店，采取终端生动化极致化（宣传海报、宣传品）、赠品、买赠等方式，在当时开创了劲酒独特的营销方式，成就了企业在市场的突破工作，进入快速发展的快车道。

总之，想让市场快速起色、产品快速动销，并非什么动作都做了就有效果，而是策略精准、资源聚焦、优势聚焦有方向性、策略性、目标性的打法才容易产生势能、取得效果。所以，聚焦领袖区域做样板、聚焦领袖渠道做突破、聚焦领袖型终端做引领、聚焦领袖人群做影响、聚焦精准推广做势能、聚焦领袖业务做榜样才会更高效。

花冠聚焦济宁

作为菏泽地产酒花冠集团旗下的冠群芳系列产品，在 2009 年进入济宁市场，目前销售额已从 2000 万元突破 1 亿元大关，2012 年比 2011 年增长约 67%。

众所周知，济宁在整个山东市场是"进来容易站稳难"。据估算，济宁（包括市区及县城）的整个白酒市场容量大概在 30 亿元左右，不管是山东当地的品牌，还是外来的一些强势品牌，面对如此庞大的潜在消费都趋之若鹜，但是最终很多品牌都"黯然退场"。而冠群芳是如何在短短四年时间里实现快速增长的？面对济宁地区的特殊性，它又是如何跟当地众多竞品抢夺市场份额的呢？

（1）以单品为突破"试水"。

济宁市场在 2009 年时的高端消费价格带在 100～128 元，100 元以内为中低端价格带，而大众消费平均为 68 元左右。据花冠集团副总经理杨恒彪介绍："我们最初进入济宁市场的时候，其实并没有大量导入产品，而是先投放了两款产品进行'试水'。其中，终端价在 80 元左右的富贵冠群芳脱颖而出。"

在富贵冠群芳顺利进入济宁市场半年后，花冠集团顺势向上延伸了一款市场价位在 85 元左右的金冠绵柔冠群芳，向下延伸了一款市场价位在 48 元的四星绵柔冠群芳。2010 年，冠群芳系列在济宁市场进入的这三款单品销售额为 5000 万元左右。

2012 年，除此三款单品外，花冠集团又在"冠群芳"基础上填充了四款单品：银冠绵柔冠群芳，市场价位 78 元左右；三星绵柔冠群芳，市场价位 35 元左右；五粮冠群芳，市场价位 30 元；二星绵柔冠群芳，市场价位25元。走量最大的还是市场价位在30元的五粮冠群芳。现在，如何突破这个系列现有的销量是冠群芳系列在济宁最主要的问题之一。就此，山东合效咨询公司的负责人韩亮表示："其实山东很多地级市存在的问题都差不多，而就花冠目前在济宁市场而言，我认为它未来想要进一步增长，唯一的出路就是拉高产品线。比如扳倒井，它在山东市场上的100~200元的产品就做得比较好，所以未来花冠想要进一步夯实自己在济宁市场的地位，只有把握开始起主导消费的价格带。"

而对于目前冠群芳这条产品线，杨恒彪也表示："在济宁市场上，冠群芳系列目前只有这七款单品，我们也准备在今年推出一款市场价位在168元的产品，作为冠群芳系列的最高延伸，并且也能跟花冠的中高端花之冠系列无缝链接。"

(2) 酒店先行，样板、促销齐发力。

在冠群芳系列刚进入济宁市场之初，并没有实行全渠道销售，而是重点从酒店做起。对于为何选择在发展之初聚焦酒店这个渠道，杨恒彪解释："最初我们在调研济宁这个市场的时候，了解到当时自带酒水的现象并不严重，所以我们看到这个趋势以后，就下定决心专心做酒店这个渠道。"

首先，花冠在当地名烟名酒店集中区打造了两条样板街，并顺利地在近300家酒店进行了产品投放。作为花冠的代理经销商之一的济宁××商贸有限公司总经理周海风对记者介绍："我们一般都会在特定的节假日，送一些不对外销售的特制酒。针对高考学生家长，如果他们消费了冠群芳，我们就送他们状元酒。"

其次，成立20人左右的促销团队。这个团队的主要工作就是配合各个经销商在济宁300多家酒店进行全面的促销推广，并且收集一些重要客户的资料，最后整合起来交给经销商，以求掌握消费者最新的需求变化。济宁汶上县三朝酒水的负责人王富全对此表示："公司会派促销员协助我们做市场，把市场拓展的每一步都做得非常细致，比如什么时候做什么样的促销活动、活动应该送什么，济宁市每一个区域的活动都不一样。"

对此，杨恒彪说："对于济宁地区4区10县，我们用了四年时间分3步逐步开发的，先期只开发了市区及梁山、嘉祥、金乡3个县城，2011年开发了邹城、泗水、汶上、鱼台，目前还有2个县城未进入。我们一直认为，如果在目标价位或者区域做不到第一、第二的位置，就没有话语权，就很难稳固下来，所取得的市场份额也是不牢固的。占领就要扎根，必须一步一个脚印地走。执行力是关键。"

杨恒彪表示："我们能在济宁市场成功主要是因为两点：一是运作济宁市场的大多数白酒企业还在沿用老的营销模式，没有下沉到终端，关注到消费者；二是少部分有这样营销理念的厂家也没能够执行到位。同样的策略，关键在于谁执行得细致、谁执行得彻底、谁的执行力更强。"

韩亮表示："现在消费水平越来越高，单靠促销或者单靠做渠道，已经不能满足未来的消费需求了。而冠群芳系列目前在中高端价位走量还略显不足，下一步它最需要做的是打造一款这个系列的明星产品，以'明星效应'带动进一步的消费增长。而在渠道活动方面，再以'促销＋团购'配合，才能在未来进一步突破。"

当然，冠群芳想要真正在济宁市场上站住脚跟，还需要面对来自最强势的竞品——心酒的反击，以及一些开始在济宁成长起来的其他品牌的威胁，这也是冠群芳系列未来需要面对和解决的问题。

第六章
Chapter 6

推广互动

第一节 氛围的打造

产品或品牌的氛围是诱导消费者,改变消费者的接受心理,拉动终端销售或推荐的不可缺失的一环。

一、氛围打造在动销中的价值力

行业里有这样的行话规律:

一是无氛围,动销难。没有产品的销售氛围,产品容易被淹没在琳琅满目的同类产品中。产品想脱颖而出形成动销之势,除非产品真的与众不同。

二是无氛围,不活动。在没有打造氛围时,不要着手做什么消费者促销,即使做了,也是比较孤立的消费者促销活动,无法强化消费者认知,难以积淀更强大的动销势能。

三是无氛围,推力弱。在实际营销中,新产品的动销往往强调终端推荐,这的确是不可缺失的一环,但是在没有终端氛围的拉动下,单靠终端老板推荐往往容易被消费者拒绝(因为误解其利润大才主推,而心存逆反),反复几次以后,终端推荐的激情也被磨灭了。

四是无氛围,认知难。消费者对产品的认知,尤其是对新产品的认知,往往源于三个层面:第一,熟人的推荐;第二,圈子的消费;第三,氛围的影响。其中,氛围的影响居首,氛围影响源于视觉冲击,源于眼球的刺激。

所以,产品若想快速动销,氛围建设绝对不可低估。

二、终端氛围打造目的

终端氛围打造,简单来说,就是为了引起注意、刺激购买、增加销量、提高竞争力,同时树立品牌形象。

1. 对厂家或经销商来说

(1)树立良好的品牌形象,增强消费者对品牌的关注和信赖。

(2)便于消费者选择,刺激消费者冲动性购买,提升销量。

(3)提高货架占有空间,增加消费者眼球关注率。

(4)争夺有限的终端资源。

(5)提高竞争力,打击竞争对手。

(6)建立良好的客情沟通关系。

2. 对终端或零售商来说

(1)提高购买率和销量。

(2) 有效利用产品占用空间。

(3) 增加利润。

(4) 增加客流量的关注率。

(5) 有助于改善终端形象。

(6) 便于消费者选择和购买。

3. 对于消费者来说

(1) 容易被吸引，产生消费冲动。

(2) 对产品容易做出比较。

(3) 产生信任感。

(4) 有面子，感觉物超所值。

(5) 感觉该产品比较活跃或者流行。

(6) 增深消费者对所需产品的记忆。

三、常见终端氛围打造工具

表 6-1 常见终端氛围打造工具

生动化工具	使用说明	维护要求
海报、吸塑贴	1. 适用于所有渠道，用于传递品牌概念、产品信息、促销信息等。 2. 张贴于消费者常走路线、街道、终端显眼处。 3. 中心线的高度应在 1.5~1.8 米。 4. 多幅密集张贴（最少两张连贴）。	1. 张贴在不易被雨淋到的地方。 2. 定期回访，防止被覆盖、撕毁、涂抹。 3. 及时撤换、更新。
易拉宝、X展架、形象立牌	1. 用于产品展示、品牌传播。 2. 放在终端、活动现场显眼处（门口、楼梯口等）。 3. 面对人群方向，置于地上，但不能妨碍人们走动。	1. 定期回访，保持清洁。 2. 避免日晒雨淋及人为破坏。 3. 不使用时，需仔细保管。
店招	1. 用于流通店、酒店、餐馆门头、夜市排档。 2. 根据公司统一规定进行制作。	定期回访，防止人为破坏或自然损坏。

续表

生动化工具	使用说明	维护要求
KT板	1. 店内外KT板。 2. 店内墙上最少一块大KT板。 3. 店内墙体、门墙边都可以制作KT板。 4. 越大越好，美观为上。	定期回访，防止人为破坏或自然损坏。
横幅	1. 用于传递品牌概念/产品信息、促销信息、中奖信息。 2. 营造销售氛围。 3. 悬挂于各种终端门口、门头、店内，以及活动现场。	1. 定期回访，保持洁净。 2. 防止人为损伤或自然损坏。 3. 不使用时，需仔细保管。
台卡	1. 用于传递品牌形象、产品信息、促销信息。 2. 放在餐饮终端餐桌上、吧台上使用。	定期回访，防止丢失或损坏。
吊旗、吊牌	1. 用于营造旺销氛围，产品展示。 2. 悬挂于终端、活动现场。 3. 高度适宜，疏密适中。	1. 定期回访，保持清洁。 2. 不使用时，需仔细保管。
窗贴、柱贴、腰线	1. 用于传递品牌形象、产品信息，营造销售氛围。 2. 张贴于酒店或者终端的橱窗、大厅内立柱上。 3. 腰线用于张贴玻璃门上，有"推""拉"二字。	1. 定期回访，保持整洁。 2. 防止损坏。
围幔	1. 用于传递品牌形象、产品信息，营造销售氛围。 2. 张贴于酒店或者终端的电梯、楼梯上，还可用于商超堆头的下方的装饰。	1. 定期回访，保持整洁。 2. 防止损坏。
椅套	1. 用于传递品牌形象。 2. 在大中型餐饮终端使用，罩在坐椅的靠背上。	1. 定期回访，保持整洁。 2. 防止丢失或损坏。
灯笼	1. 传统节庆时间使用较多，每米悬挂2～3个为宜。 2. 用于传递品牌形象、产品信息，营造销售氛围。 3. 在餐饮终端、夜市排档、大型流通终端使用。	1. 保持洁净，需及时检修。 2. 定期回访，防止丢失或损坏。
灯箱/刀旗	1. 用于道路两边路灯、旗杆悬挂。	
点菜台贴	1. 用于传递品牌形象或产品信息。 2. 张贴于点菜台的正面、侧面。 3. 必须保证主画面面向入口或者人群。	1. 定期回访，保持洁净。 2. 防止被人为损伤或自然损坏。
点菜单	在酒楼、餐馆内使用，画面可以传递品牌形象或产品信息，空白的地方给酒楼、餐馆印刷菜单具体内容。	保持洁净、完整，出现卷边要及时更换。

续表

生动化工具	使用说明	维护要求
温馨提示贴（衣帽柜、楼层提示、地贴、wifi提示贴等）	1. 用于传递品牌形象或产品信息。 2. 内容多为提醒消费者需要注意的事项。 3. 必须保证主画面面向入口或者人群。	1. 定期回访，保持洁净。 2. 防止被人为损伤或自然损坏。
展示柜	1. 用于高端产品形象展示。 2. 摆放位置显眼（入口处、吧台等）。	1. 定期回访，防止损伤。 2. 及时检修，保持清洁。
价签	1. 置放于产品旁边，用于告知产品价格。 2. 手写价格必须字迹清晰，颜色醒目。 3. 价格标签的位置必须与商品相对应。	1. 定期回访，防止被覆盖、撕毁、涂抹或自然损坏。 2. 注意价格的时效性和商品的对应性。
堆头围板	1. 传递品牌形象、产品信息/促销信息，营造销售氛围。 2. 用于包裹商品堆头。	1. 定期回访，防止被覆盖、撕毁、涂抹或自然损坏。 2. 若堆头围板上有促销信息，需注意促销信息的时效性，要及时撤换、更新。
跳跳卡、摇摆卡、异形插卡	1. 放置于堆头、货架上，传递品牌形象、产品信息/促销信息，营造销售氛围。 2. 放置于堆头、货架上时，注意间距相等、适当放置。	1. 定期回访，防止被覆盖、撕毁、涂抹或自然损坏。 2. 如果有促销信息，需注意促销信息的时效性，到期要及时撤换、更新。
奖品/消费者促销信息提示卡	主要内容为"开箱有奖""瓶瓶有奖"等字样，多和价签同时使用，或张贴于产品外包装箱上。	

四、常见城市氛围打造工具

表6-2 常见城市氛围打造工具

项目	使用说明	维护要求
路牌 站牌 高炮 户外墙体（民墙） 过街龙门、气球	1. 用于传递品牌形象或产品信息。 2. 用于在高速公路入口、城市主干道、人流量大的街道、餐饮/流通终端集中街道。 3. 消费者能在5米以外清晰识别。 4. 参照公司主画面制作。	

续表

项目	使用说明	维护要求
车身广告	1. 用于传递品牌形象或产品信息。 2. 张贴于车身上（公交、出租车、送货车等）。 3. 用于路线覆盖较广的公交路线或人流量多的线路。	1. 定期回访，防止损伤。 2. 及时检修，保持清洁。
其他	样板街、样板区、样板民墙打造	

五、6种终端常见生动化方式

1. A、B类酒店（禁止使用DM单、产品海报）

表6-3　A、B类酒店生动化方式

项目	生动化方式
吧台瓶展	1. 位于吧台黄金位置，产品正标统一、整齐朝外。 2. 主导产品不得少于4瓶，其他产品根据实际情况而定，主导产品位于最优位置，数量、位置必须超越竞品。
堆箱陈列	1. 酒店入口正视黄金位置、正标朝向消费者。 2. 主导产品外包装箱堆箱陈列不得少于5箱/品项，箱体粘贴信息提示卡保持整洁、无破损。
X展架/形象立牌	1. 宣传促销信息、产品形象等。 2. 位于酒店入口或者黄金位置（每楼层1个以上）。 3. 保持整洁、无遮挡、无破损。
柱贴包装	1. 按照主导产品主画面制作（包装数量不得低于2个），在大厅为主。 2. 保持整洁、无污染、无破损、无褶皱。
玻璃橱窗/吧台包装	1. 利用主导产品主画面单透或写真包装，尺寸等视终端情形而定。 2. 保持整洁、无污染、无破损、无褶皱。
电梯/楼梯包装	利用主导产品主画面帷幔包装，尺寸等视终端情形而定。
吊旗	1. 参照主导产品主画面制作。 2. 按照酒店大厅、包厢的面积/环境确定悬挂数量。 3. 保持整洁、无污染、无破损。
灯笼	悬挂终端门前/店内，数量视终端可悬挂场地确定。
条幅	产品上市时，悬挂于大堂内显眼位置，尺寸等视终端情形而定。

续表

项目	生动化方式
其他	其他的或创新性生动化方式：主导产品画面椅套、点菜台/柜、吧台帷幔/写真包装、菜单、找零袋、包厢衣帽架、主导产品形象塑贴、展示柜/冰柜的柜眉、门腰线等。

2. C、D类酒店、排档

表6-4　C、D类酒店、排档生动化方式

项目	生动化方式
店招	1. 店面选择要在主干道或者人流量大的街道。 2. 参照公司统一画面，按照终端门头尺寸制作。
吸塑海报	1. 张贴于终端店内/包厢黄金位置，高度为160~180cm，正面朝外。 2. 每个包厢1张为宜，店内2张为宜。
吧台瓶展	1. 位于吧台黄金位置，产品正标统一整齐朝外。 2. 每个品项陈列不少于2瓶，主推产品陈列在4瓶以上。 3. 保证瓶体整洁、无灰尘、无破损。
堆箱	1. 酒店入口正视黄金位置，正面朝向消费者。 2. 堆箱陈列不得少于2箱/品项，主推品项5箱以上，箱体张贴信息提示卡保持整洁、无破损。
X展架/形象立牌	1. 位于酒店入口或楼梯明显位置（数量1~2个，重点C类店使用）。 2. 保持整洁、无遮挡、无破损。
吧台包装	1. 用公司统一画面（主导产品）围幔，按照终端吧台尺寸包装。 2. 保持整洁、无污染、无破损。
店外灯笼	1. 按照每米2~3个悬挂，公司主标识朝消费者或者人流方向。 2. 保持整洁、无污染、无破损。
店内外喷绘/KT板	1. 店内外KT板。 2. 店内墙上最少一块大KT板。 3. 店内墙体、门墙边都可以制作KT板，越大越好，美观为上。
其他	其他的或创新性的生动化方式（价签、条幅、橱窗包装主导产品画面椅套、点菜台/柜帷幔/写真包装、展示柜/冰柜的柜眉、门腰线等）。

排档以店招、堆箱、瓶展等方式为主，可配合使用条幅、灯笼、灯箱等工具。

3. KA 类超市（暂不做重点）

表 6–5　KA 类超市生动化方式

项目	生动化方式
堆头	1. 在酒水区或人流主通道，堆头约 1~4 平方米。 2. 堆头上悬挂、张贴手写海报或信息提示卡，下方可用主推产品围幔装饰。 3. 保持整洁、无污染、无破损。
端架	1. 在酒水区位置。 2. 瓶标整齐朝外，价格标签醒目。 3. 保持整洁、无污染、无破损。
货架展示	1. 黄金位置展示。 2. 每个单品项至少 2 瓶，主推产品至少 4 瓶。 3. 突出重点品项，正标整齐朝外，价格标签醒目。 4. 按水平/垂直陈列方式展示。 5. 保持整洁、无污染、无破损。
货架 POP 展示/吊旗	1. 在本品货架陈列位置。 2. 参照公司统一画面制作（顺意画面）。
价签	参照公司统一画面制作。
电梯包装	参照公司统一画面制作（顺意画面、帷幔包装）。
其他	其他的或创新性的生动化方式（购物篮、购物车等）。

4. 小型超市

表 6–6　小型超市生动化方式

项目	生动化方式
堆头/堆箱	1. 在酒水区位置、超市入口处（黄金位置），正标朝向消费者。 2. 堆头/堆箱上悬挂、张贴手写海报或信息提示卡，堆箱数量单品项 2 箱以上，主推产品 4 箱以上。 3. 保持整洁、无污染、无破损。
端架	1. 在酒水区黄金位置。 2. 瓶标整齐朝外，价格标签醒目。 3. 保持整洁、无污染、无破损。

续表

项目	生动化方式
货架展示	1. 黄金位置展示。 2. 展示单品项 2 瓶左右，主推产品 4 瓶以上。 3. 正标整齐朝外，价格标签醒目。 4. 按水平/垂直陈列方式展示所有产品。 5. 保持整洁、无污染、无破损。
店内外 KT 板/喷绘	1. 店内外 KT 板。 2. 店内墙上最少一块大 KT 板。 3. 店内墙体、门墙边都可以制作 KT 板，越大越好，美观为上。
促销海报	1. 张贴于终端店内/包厢黄金位置，高度为 160~180cm，正面朝外。 2. 店内 2 张为宜。
吊旗	1. 参照顺意画面制作。 2. 按照终端店内面积/环境确定悬挂数量。 3. 保持整洁、无污染、无破损。
价签	价格标签、消费者促销提示牌等规范使用。
其他	其他的或创新性的生动化方式（条幅、形象立牌、灯笼、店招等，尺寸、数量等视终端情形而定）。

5. 社区超市

表 6-7　社区超市生动化方式

项目	生动化方式
堆头/堆箱	1. 在店内黄金位置展示，正面朝向消费者。 2. 堆头/堆箱上悬挂、张贴手写海报或信息提示卡，堆箱数量单品项 2 箱以上，主推产品 5 箱以上。 3. 保持整洁、无污染、无破损。
小区公益广告牌	1. 小区门口或者社区商超门口。 2. 参照主画面制作，宣传交通信息、公益宣传信息、楼层指示、购买服务信息等。 3. 经常维护、保证清洁、无损坏。
促销海报	1. 张贴于终端店内黄金位置，高度为 160~180cm，正面朝外。 2. 店内 2 张为宜。
吊旗	1. 参照主导产品主画面制作。 2. 按照终端店内面积/环境确定悬挂数量。 3. 保持整洁、无污染、无破损。

续表

项目	生动化方式
X展架	超市店内显眼位置、传播品牌形象，1~2个为宜。
价签	价格标签、消费者促销提示牌等规范使用。
端架	1. 在酒水区或店内黄金位置，可使用主导产品主画面货架POP包装。 2. 瓶标整齐朝外，价格标签醒目。 3. 保持整洁、无污染、无破损。
货架展示	1. 黄金位置展示。 2. 主导产品展示4瓶以上，其他产品2瓶以上。 3. 正标整齐朝外，价格标签醒目。 4. 按水平/垂直陈列方式展示。 5. 保持整洁、无污染、无破损。
灯笼	1. 传播品牌形象。 2. 每米悬挂2~3个为宜。 3. 用于传递品牌形象、产品信息，营造销售氛围。
其他	店内条幅、主导产品主画面门头、店招、尺寸、数量等视终端情形而定。

6. 名烟名酒店

表6-8　名烟名酒店生动化方式

项目	生动化方式
货架展示	1. 黄金位置展示。 2. 主导产品陈列不得低于6瓶，必须超越竞品主导产品。 3. 正标整齐朝外，价格标签醒目。 4. 按水平/垂直陈列方式展示。 5. 保持整洁、无污染、无破损。
堆箱	1. 位于黄金位置，正面面向消费者。 2. 堆箱上悬挂、张贴信息提示卡，堆箱数量单品项2箱以上，主推产品5箱以上。 3. 保持箱体整洁、无灰尘、无破损。
促销海报	1. 张贴于终端店内/包厢黄金位置，高度为160~180cm，正面朝外。 2. 店内2张为宜。
吊旗	1. 参照主画面制作。 2. 按照终端店内面积/环境确定悬挂数量。 3. 保持整洁、无污染、无破损。
价签	价格标签、消费者促销提示牌等规范使用。

续表

项目	生动化方式
玻璃窗贴	1. 利用主画面帷幔包装。 2. 保持整洁、无污染、无破损、无褶皱。
X展架	超市店内显眼位置、传播产品或促销信息。
其他	其他的或创新性的生动化方式（灯笼、小型POP展示架、条幅、店招等）。

第二节　推广互动

推广的本质在于通过广而告之及公关互动，让消费者对产品、品牌、企业形成深度认知与认可。

在现实营销中，与促销相比，推广互动更有利于产品或品牌的持续性发展，但对产品销量短暂性刺激并不能带来立竿见影的效果。

所以，让推广快速驱动产品动销就离不开与消费者之间的互动。与消费者产生关系与消费链接，这样才更有利于产品的动销。所以，行业里有句话："公关大于广告。"

一、推广绝对不能脱离消费者互动，互动更有利于链接消费者，增加黏性

推广互动，形式多样，但本质只有一条，就是通过与消费者互动链接来传播产品或品牌的价值。

推广互动是与消费者之间展开的互动游戏或事件，所以，任何一场推广活动必须把握四个关键要素：一是人气；二是参与；三是体验；四是影响。如果非要再加一条，那就是交易。

没有人气的推广是独角戏，是一个人的江湖，黯然伤神。

没有参与，是"王婆卖瓜，自卖自夸"，大家都是旁观者，难以进入高潮。

没有体验，消费者只知道这是一场活动，却没有对产品或品牌留下深刻印象。

没有影响，就难以为产品或者品牌积淀势能，推广仅仅是一场劳民伤财的活动而已。

交易有两种情况产生：一是通过购买，设计参与活动的基本门槛；二是购买本身就是一种游戏形式，如现场拍卖环节，重在参与和娱乐。

二、任何一个推广活动，无论大小都必须有主题

活动的主题，乃活动的灵魂、活动的噱头。主题是活动的兴趣点、传播点、记忆点。有兴趣点，才能打动消费者；有传播点，才能广为流传；有记忆点，才能在消费者内心深处形成深刻的认知。

在推广活动中，找主题、创噱头成为活动设计最关键的组成部分。同时，活动切勿太"赤裸裸"，最好与娱乐活动、公益活动、体育活动、健康活动、文化活动等相结合，借势传播。如"赌王争霸赛掼蛋大赛""你是舞神广场舞活动""你最有才，必成大器"的才艺活动、爱心公益拍卖社区型活动、关爱老人健康行活动、"骑行千里"的骑行活动、"帅爸美妈亲子活动""万人马拉松活动""终成大器，感恩父母"的学子赞助活动、"千部电影下乡记"等。

在这些主题活动中，间接或直接融入产品买赠活动、拍卖活动、限额抢购活动、赠送优惠卡、免费品尝、白酒新饮法、工艺推广、有奖问答、才艺比拼、惊喜抽大奖、文艺演出等节目或小趣味活动

来与民同乐，实现品牌与销量的双丰收。

柔和种子在白酒淡旺季的推广活动，都表现得比较活跃。正因为其市场活跃度高，才成就了它在许多县级、地级市场的王者地位。种子酒喜欢联合政府部门的文化单位组织一系列的文艺下乡演出、进社区活动，同时结合现场买赠、免费品尝、有奖问答、赠送小礼品、惊喜抽大奖等活动项目，吸引消费者的互动参与，加强消费者对品牌的认知。

三、一手做推广，一手做销售，相辅相成，更有利于快速动销

我们在策划、组织或参与一种推广活动时，都不能为了推广而推广，一定要考虑终端、社群、协会等组织机构的销售机会，不能孤立地做某一种推广活动。

小刀酒在某些社区做推广活动时，把社区周围的终端店的产品陈列、堆头陈列，店内外张贴海报、KT板的宣传物料等基础工作做好，每日安排业务人员进行维护。社区消费者的产品消费，大部分将在社区周边的销售终端完成。在开展社区活动的同时，可以和周边终端联合举行，这样更有利于拉近消费者与终端的距离。

组织某种体育性质的活动，一定要联合社群、协会共同举办，这样更有利于发展核心消费、团体消费公关。

组织某种公益性质的活动时，把活动信息通过当地媒体（传统媒体、新媒体）以及终端物料在终端推广，这样不仅增加了推广渠

道，还增加了终端对企业的美德认知。

四、常见消费者推广互动活动

1. 免费赠送

免费赠送不仅是回馈老消费者的一种手段，更是新产品推广建立消费基础的高效手段。常见形式有四个：

一是小酒免费赠送。主推产品的缩小版，一般为125ml，把小酒作为赠品或品鉴酒可以有计划、大幅度、大面积地赠送，以此教育消费者口感或适应度。

二是品鉴会赠送。大大小小的品鉴会是白酒营销最常见的消费者教育手段。针对核心消费群体提供免费吃喝、免费赠送，甚至针对核心意见领袖特聘品鉴顾问持续免费赠送，赠的酒一般是主推产品。

三是社区、广场、集市、庙会等推广活动，免费品尝、免费赠送、买赠活动等。

四是联合终端销售网点，尤其是餐饮终端的免费赠送活动，用餐赠酒、限时赠酒、限桌赠酒（前几桌赠）等。

2. 兑奖券派发

有的厂家为了刺激消费者主动购买，或刺激消费者尝试消费本产品，会印制一批彩色的兑奖小票，说明活动的截止时间、活动的产品、买赠的方式、参与的售点。消费者凭此小票就可到终端活动售点参加"买一赠一"活动，或免费获得赠送酒两瓶。厂家根据售点的小票的收集数量进行统一兑现。

此推广手段需要注意的事项是：小票一定要加盖印章，以控制流量，随发随印；针对终端的密集消费群集中发放；要选对发放点（居民社区、乡镇逢集、庙会、商业门店等），保证发放效果；进行发放前和反馈后单点的数量统计，进行反馈率的统计，以便于调整策略；活动的时间不宜过长，以 15 天或 20 天为一周期；保证活动售点的及时兑现。

3. 利用新媒体

利用当地微信大号，或者微博大号，或者企业自身微信公众号进行消费者促销活动策划、宣传、参与；联合当地微信大号、微博大号，开展免费送酒活动、组织公益活动、走进社区演出活动；利用微信、微博、企业当地公众号，告知消费者什么时间、在哪些终端、做什么样的促销活动；利用粉丝组织约酒活动等。

4. 酒厂参观旅游

邀请消费者到厂参观并赠酒，如五一节邀请劳动模范，八一节邀请退伍军人，教师节邀请教师代表，九九重阳节邀请离退休老干部、老革命，记者节邀请记者，平时红白理事会成员、核心终端店主、终端店常客等到厂参观。让这些具有影响力的人亲眼看到酒是如何酿造的，品质绝对有保证，并让他们亲口品尝到口感很好的酒，给他们讲讲酿造工艺、饮酒与健康知识等，让他们参与传播，形成口碑效应。

不过目前酒厂参观行频次多，20～30 人/次，酒厂接待高层参与，人多虽热闹，但效果打折。因为现在此类营销活动太多，就看厂家领导者对待消费者的尊重程度，是不是用心，否则费人、费时、费钱。

5. 个性化一桌式品鉴会

根据社群、协会、终端店常客，结合自身产品对应的目标群体，经常组织有特色的一桌式品鉴会。

某企业根据公司建立的消费者档案，确定哪些消费者喜欢钓鱼，在周末的时候带领这些消费者去附近的水库或者山庄开展有针对性的个性化的一桌式品鉴会。对于当天钓的鱼最大的消费者奖励×品牌酒，对于当天钓鱼最多的消费者奖励×品牌酒等。这样，目标消费群体通过一桌式品鉴会，亲身体验到企业提供的产品和服务，让消费者实际感知产品和服务的品质和性能，在整个对接过程中要让消费者充分置身于产品体验之中，使其主动参与，获得难忘的体验，从而达到促使其消费酒品的目的。

6. 节日推广

中国传统节日及洋节日，还有互联网创造的特殊节日，都是推广的好时机。针对节日不同的性质，举办爱心活动、公益活动、慰问活动等。

针对特殊节日和特殊群体举办赞助活动，如建军节、教师节、记者节等。就是赞助活动为目标消费群体能够品鉴本品牌产品，成为意见消费领袖并进行口碑宣传。还有为了让消费者能够集体品尝到本产品，在新店开业、新厂揭牌仪式、周年庆典、各类婚庆活动、各类会议等，举办免费品尝活动。

小刀酒在2016年高考之际，在全国34个城市组织"爱心助考，大器未来"的爱心活动。小刀酒爱心送考车5286辆；搭建现场服务休息点42处；向考生累计发放矿泉水5680瓶；累计接送考生约8762人/次。

7. 公关教育

如口子窖、洋河的"消费者盘中盘模式""后备箱模式",都把核心意见领袖作为重点公关对象。不过,由于"三公"限制,政务消费受到遏制,意见消费领袖相对比较碎片。企业根据自身产品的定位寻找匹配核心意见消费领袖,如私营业主、司机、老师、电工、包工头、婚庆帮办、社区领导、民间协会、社群组织中的要员等。

一个成功的推广活动重在参与、重在乐趣、重在消费体验、重在由点到面——扩散性,最后形成规模性、话题性。以现在活动解决未来的销量,才是促销活动的真谛。

8. 组织内线消费者

内线意见领袖必须是某终端消费的主顾,可以将其聘为企业顾问。对于意见领袖要有一笔预算。如在匹配本产品销售的旺销店,每店对意见领袖花 3000 元的公关费。具体费用分配:进店时送 1000 元礼品,以后每月发 500 元顾问费,最后根据市场减停。其工资可预付,但要规定:收了 500 元费用,就要完成在该店的指名购买。操作时要注意:事前送酒,并送到其单位,然后带酒在该店消费形成领导效应,与品牌促销员共同促进产品动销。

9. 区域才艺选秀活动

区域才艺选秀热播节目的冠名,周期性路演选秀节目,全程参与走进民间,消费者互动。这里可以是联合地方媒体(电视、电台、微信大号等)以白酒品牌或主推产品的名义进行社区/广场选秀热播节目的冠名,也可以是自己组织,以当地微信大号与终端物料进行传播推广。

这种周期性的进入社区/广场路演方式的选秀节目,既可以借助节目扩大品牌或产品的知名度,又能在节目路演过程中全程参与其中，进行产品展示、卖点传播和与消费者互动等，以提高品牌和产品的知名度和消费者的忠诚度。

10. 利用事件推广

（1）利用地方或全国热点大事件，借势赞助或借势炒作，制造口碑传播。

（2）不断寻找地方活动，不断进行小赞助，不断制造口碑。

（3）自己策划大事件，进行知名度与口碑炒作。

国庆来临之际，组织员工、招募公益志愿者向烟酒店、超市、市民、临街铺面免费发放国旗，凡参与的志愿者每人赠送一定的礼品。这样的活动比单纯召开品鉴会容易，对企业及产品的美誉度提升效果更好。

举办征文大赛，针对有特殊意义的节日、特殊事件，或企业策划的活动（如丰谷酒的丰谷体征文造句活动"让友情，更有情"，引起很多人关注），联合报纸、电视，尤其是网络等媒体，举行有传播力的征文比赛，设置不同奖项，引发参与热潮。

杜康开展的"中国式爱情"事件营销活动，被视为中国白酒行业经典营销案例之一。其妙处就在于将千年杜康与永恒爱情两个时间概念进行对接，凸显"千年杜康见证永恒爱情"的营销主题。同时，也用永恒爱情丰富了千年杜康的文化内涵。据不完全统计，这一事件营销在线上引起了359万人关注、89万人评论，上百家主流媒体跟踪报道；在线下则带动了1000多家店全面展开促销，包括烟酒店、婚庆酒店、电影院等，后续还可启动一系列关联活动，包括寻找金婚、父亲节、七夕节、情人节等。

11. 同城约酒推广

充分组织当地的粉丝与核心消费者一起开展联谊、联欢活动。

小刀酒在晋州的"刀粉福利第一季"的主题推广活动中（喝小刀、吃烧烤、撸串子、抽红包），聘请专业烧烤师烧烤，邀请演出团队现场表演、与消费者互动。

具体内容如下：

（1）宣传。

利用小刀酒粉丝群（前期300人左右）、朋友圈传播，当地微信大号配合宣传。

报名流程：只针对"刀客部落"群。在个人朋友圈发布饮用或含小刀酒元素的图片，配以有关本次活动的评论文字，截图在群内分享，与群主私聊报名（一定是公司业务人员或经销商为群主加为微友，便于后期延续公关宣传），统计员登记存档。

（2）活动。

由烧烤师提供全部食材（羊肉串100斤，其他配菜若干），现场烧烤。联系演出团队（舞台搭建、主持人宣传稿、互动环节设计）现场表演。

现场共使用帐篷10个，利用帐篷及条幅围出一个封闭区域。利用帷幔将餐桌（桌椅由烧烤师提供）进行覆盖，每桌摆放大原浆4瓶。产品堆头一个，位于场地正前方；互动礼品若干；红包30个（6元、8元、16元、18元、28元）。

活动现场由演出团队主持人把控节奏（产品宣传、刀粉介绍、后续活动造势、现场吸粉、刀粉才艺展示等）。

（3）再宣传。

活动推文制作推送，刀粉朋友圈再次宣传，为第二次活动（父亲节第二季刀粉福利）预热。

（4）效果评估。

前期：活动7点正式开始，100名刀粉基本到场，根据记录名单，报名到场的有84人，个别携带家属。同时，邀请的派出所、城管、交警领导，以及同行业代理商和业务人员20人左右，总体参与人数超过120人。

中期：8点左右路过的消费者聚集围观，吃过饭的家长带孩子散步，人群逐渐聚集，达到高潮，围观群众超过150人，秩序良好。

后期：8点半以后，孩子越来越多，家长带孩子参与互动，效果很好。但是都聚集在舞台周围，刀粉基本用餐完毕，此时以观看节目为主，秩序开始不稳定，此时参与人数超过300人，活动持续到10点结束。

本次活动整体效果超出预期，直接影响人数超过500人，间接影响人数超过3000人，在晋州县城引起强烈反响。活动期间，行政机关领导、同行业代理商及厂家经理对本次活动给予了很高的评价。

（5）活动亮点。

第一，微信的传播利用：刀粉朋友圈"病毒式"传播。

第二，刀粉提升优越感，增强内部凝聚力。

第三，礼节性邀请相关机关单位领导、同行业人士，有助于口碑传播。

第四，现场吸粉，成立二群。

第五，后期组织刀粉再次传播扩散。

如江小白"同城约酒"的故事，其活动形式如下：

一是以"同城约酒大会""约酒嘉年华"等为主题。

二是针对年轻消费群体、文艺青年，粉丝来自不同行业。

三是选择当地有格调的艺术餐厅。

四是通过微信、微博和社区等一系列的征集活动发起。

五是活动形式为一起聊天、一起参加划拳等互动游戏，现场重建适合自己的圈子，现场呈现精彩的演出活动，江女郎T台秀、跨界产品（比如华为荣耀手机展示）、乐队演出、沙画表演等。此种活动形式符合年轻消费群体的好奇、互动、分享、参与等心理。

12. 社区、广场、餐饮一条街路演推广

金六福"幸福大篷车"的故事，该活动形式类似于现实版的"快乐大本营"。有以下特点：

一是活动现场的吸睛法器，"大福星"吉祥物，有噱头。

二是活动现场分区，互动活动与销售活动结合，现场分为游戏区、舞台区、兑奖区、品鉴区、销售区。

三是台上、台下互动，增强了消费者深度参与性。台上有小丑魔术表演、歌手献唱，台下有套圈游戏、幸运转盘、广场舞，台上、台下互动游戏"萝卜蹲"等。

四是现场整点派福（发福字）、免费拍全家福、抽奖等。参与者如果关注金六福的微信，并在微信上发送照片，还可以免费打印全家福照片。此活动是老百姓喜闻乐见的。

13. 终端店推广

终端店推广是根据路演演绎而来的一种在终端店外开展的和消

费者互动的活动方式。往往是联合终端店在其店门口开展的现场免费品尝、免费抽奖、现场买赠、有奖问答、互动游戏等吸引消费者眼球，能让消费者参与的，简单易操作的现场活动。

终端搅动是通过经销商实现产品与消费者快速沟通的一种产品或品牌推广方式，其宣传具有针对性、准确性、深入性。通过这种小区域的终端搅动活动，可以快速建立产品和品牌的知名度，从而引导消费者消费，对区域市场的产品动销具有重要作用。

总之，不管什么样的推广活动，是大还是小，一定要有主题，一定要有噱头，一定要有意义，一定要大家愿意参与，一定要让参与者有优越感、娱乐感，要有一定的影响力与传播性。

第三节　促销的关键

促销的本质，就是促进销售、提高销量，这是无可厚非的事情。但正是促销的本质意义，而导致促销成了一种阶段性行为、短暂性手段。

面对如此境况，我们必须从战略的高度重新审视每一个促销行为。我们必须从未来的角度设计现在的促销活动，这样的促销才是有生命力的促销。

对动销来说，促销的关键在于促动，在于推动或拉动产品的动销势能，制造影响力与传播力，做对产品有持续销售力的事情，而非单纯地做买与卖的事情。

所以，我们在策划或组织一项促销活动时，必须把握四个关键要素（如图6-1所示），这样才能确保促销活动的真正意义与价值。

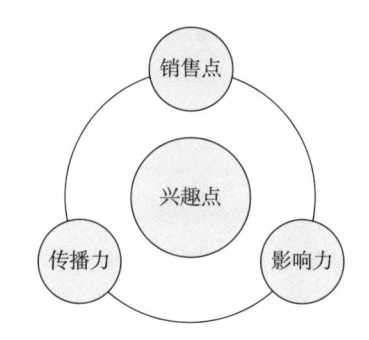

图 6-1　"1+3"四位一体关键要素模型

一、抓住兴趣点

这是一个注意力经济的时代，没有迷人眼球的兴趣点，难以引人注目、难以让人闻讯而来。一个促销活动能否成功，必须深谙 AIDA 模式之精髓。A 为 Attention，即引起注意；I 为 Interest，即诱发兴趣；D 为 Desire，即刺激欲望；最后一个字母 A 为 Action，即促成购买。此中关键核心在于兴趣点的设计，人因兴趣而注意，因兴趣而产生欲望，因有欲望产生购买行为。

何为兴趣点？无非是 BIG IDEA。无创意，不活动。

兴趣点可以是形式的引人，可以是宣传的诱人，可以是销售利益的刺激人，三者必有其二，否则活动定以失败告终。宣传制造势能，形式引发围观，利益驱动销售。

在销售利益点的刺激方面：关汉卿蓝钻，万瓶酒水 1 元购；今缘春里有金条；喝古顺，送中轿车；喝种子酒，万台笔记本大赠送等。

在活动形式的引入方面：某月某日某时间段在某条街上（当然选择餐饮一条街或餐饮比较集中的街区），每个餐饮店门口挂上条幅、摆上道旗，气势逼人：财神爷光临本地，但凡喝小刀酒，送神秘大礼（其实就是一场买赠活动）。

宣传的诱人，即使是一场买赠活动，也要充分发挥合作方、参与者的主动性，通过某种刺激，让其帮助传播，吸引更多的参与者。参与者越多，气势越强大；影响力越大，活动效果越好。

二、给予销售点

卖什么吆喝什么，无需啰嗦，精简至消费者一听就懂、一看就明。要学会 IFABE 法则。

I 代表兴趣，无兴趣不留心。如全场喝小刀酒，送价值多少的特色菜；在销售点中，兴趣点往往是活动的主题、优惠主题、赠品主题、赠送主题、幸运主题等。

补充一点：主要选择核心店进行促销，选择人流量大、辐射力强、匹配本品销售终端的网点，尤其是餐饮终端。联合终端在店内策划系列消费者促销活动，并把促销信息充分传播出去。

F 代表特征（Features），无特征不夺心。即使送菜，消费者一定要喝这种酒吗？"小刀酒就是柔"，在促销时，一定要告诉消费者这个特征。

A 代表优点（Advantages），无优点不动心。如 100% 纯粮酒，入口柔，下喉顺，能喝半斤喝八两。

B 代表利益点（Benefits），无利益难决心。如喝多了，口不干，头不痛；醉酒了，醒得快，醒后工作精神爽。

一些酒品牌联合终端在店内做一些促销活动：喝酒赠菜；用餐赠酒；限时赠酒；限桌赠酒（前几桌赠）；买大送小；限时抢购

（一刻千金）、限量抢购；一元购、二元购；达额抽奖、砸金蛋；一瓶抽，中大奖，持续三个月，快速启动市场。

E代表证据（Evidence），无证据难信任。如粮食生产基地、华北最大窖池群、非物质文化遗产等。

一场促销活动，不仅要通过兴趣点来诱惑消费者，还要依靠产品的销售卖点打动消费者，兴趣点的诱惑是冲动的刺激，卖点的折服是持久的激情。名正言顺、出师有名，才能让消费者真正信服。

三、重视影响力

让促销活动成为一场轰轰烈烈的推广互动才是正途。

因为没有影响力，难成销售力，动销只是一场空。任何促销在设计之时，必须围绕影响力做足文章，不能悄无声息地自娱自乐，而要同乐乐。活动前如何制造影响力，活动中如何制造影响力，活动后如何再掀高潮，这些都要考虑到。

活动前宣传造势，活动中爆点频频，活动后的关联造势，都需要系统的设计与实施。否则，促销活动仅仅是一场独立的活动，对于产品的动销能量积淀微不足道。

四、要有传播力

传播源于两个层面：一是活动方的传播；二是参与者自传播。

一个成功的促销活动，一定要驱动参与者的自传播，参与者的传播容易形成口碑效应，容易引发蜂群效益。我们设计促销活动时，一定要思考这个环节，如何引导消费者主动自发地传播呢？关键在于消费者一定在这个活动中能够自造内容或情节，每一个人都喜欢传播与自己相关的内容，而不太喜欢被动传播。

某白酒品牌推出凡购买3000元酒，即可获得3000元古城游活动，因为酒厂是那个城市的景点之一。在活动中，但凡把自己在酒厂参观中认为的最美照片转发朋友圈5次，即可获得总经理签名酒一坛。

这个活动有上千人参与，由于参观者口碑传播、朋友圈点赞传播，在该市场引起了不小的轰动。这个产品不仅快速动销，还畅销起来。

五、补充一些关于动销常见的促销活动

在白酒营销中，消费者促销是加速产品动销、旺销不可缺失的核心组成部分。高效的促销活动，不仅能够增加销量，提升品牌影响力，更能引爆市场。

下面，我们来看看酒类营销中常见的消费者促销形式。

1. 价格折扣

价格折扣是吸引消费者短期购买产品的重要手段，管理控制不好容易伤害产品价格。所以，价格折扣活动一般要联合相应终端网点共同操作。如果大面积、统一性举办这类活动，不仅增加活动难度，还容易出现价格混乱。常见形式有三个：

一是限时折扣。在某个时间节点折扣销售，如某餐饮店6：30—7：30消费，消费某品牌酒享受6折优惠；或某个规定时期内折扣销售，如6月10日—20日，消费某品牌酒享受6折优惠。

二是数量折扣。买一瓶全价，两瓶8折，一箱5折等。

三是梯次折扣。购买第一瓶全价，第二瓶6折，第三瓶4折，第四瓶3折等。

2. 买赠活动

买赠活动在消费者促销中属于最常用的促销活动形式，具体形式有三个。

一是赠本品，也就是我们经常看到的买一赠一、买二赠一、集盖赠酒等。

江苏某市场有一个地方品牌酒厂出了一款性价比很高的产品。一开始定价198元，鉴于品牌影响力很弱，以及这个价格的消费人群忠诚度非常高，多喝当地主流品牌该价格带的产品，无论该企业怎么做消费者公关培育工作，见效甚微。于是，他们转移价格带，针对婚庆、宴席、团购等，采取买一赠一的主题活动。这种酒很快被消费者接受，取代了当地80元价格带的主导产品，成为80多元这个价格带的流行产品。

二是赠礼品。消费者购买产品后赠优惠券、赠日常生活用品、赠小酒、赠香烟，餐饮店的买酒赠菜，婚宴用酒买一定的酒送婚车、花轿、冰箱、彩电等，升学宴用酒赠手机、电脑、行李箱、机（火车）票等。

三是其他创意性的买赠活动。太白大手笔设计的"喝大手笔，玩高尔夫"活动，就是很有价值意义的促销活动。

安徽某酒业在安徽合肥、蚌埠、六安等五地市开展"天长地久，美酒赠挚友"大型消费者促销活动。活动的创意思路很好,只要在酒店消费一瓶××酒,就可以填一张卡片给自己很久没有联系的好朋友。企业将根据所填的地址,在一个星期内给那个朋友送上一瓶××酒。

喝××酒,拨××热线,拿××大奖。消费者每购买一瓶××白酒便可获得一张消费者服务卡,消费者可按卡上的服务热线电话及验证码,拨打白酒企业服务热线回答问题,均有机会获得大奖。

3. 产品设奖

盒(盖)内奖也是白酒常见的一种消费者促销方式,是消费者拉力的一种体现,具体形式有两个。

一是通过在盒(盖)内放置刮刮卡的方式。卡上列明奖项设置,消费者通过刮开涂层即可得知自己是否中奖及中了几等奖。奖项设置常包括酒票、代金券、烟、现金、美元、贵金属制品、精美纪念品、旅游产品等,形式多种多样。

二是盒(盖)内直接放置实物。消费者拆开包装可直接获取,一般投入的奖品有现金,如美元、港币等,金蛋、真金白银等,以及实物奖品,如体彩、打火机、毛巾等。盒(盖)内实物投奖主要是依靠新颖有趣的促销品设置或者小额利益刺激,达到促销的目的。

盒(盖)内设奖要注意利用大奖的引爆和100%中奖率,使得消费者持续关注,形成促销热点的效果。

4. 积分兑奖

积分兑奖包括两种形式:一是累计积分,消费者购买到一定的数量,就可以获得不同层次的累计分数,然后可以根据标准获得相应的礼品；二是收集凭证，将积分兑奖变成凭证兑奖，比如集够一定量的酒盖，就可以兑换相应的礼品或再兑一瓶酒。

5. 幸运抽奖

抽奖促销就是利用公众消费过程中的侥幸博彩娱乐心理，设置中奖机会，利用抽奖的形式吸引消费者购买本产品。厂家或经销商统一制作抽奖卡，放在抽奖箱内，或者利用电脑软件进行现场抽奖。目的是在终端售点开展现场促销活动，诱导消费者即兴购买和消费。抽奖促销的形式，常见的有一次抽奖、多次抽奖、答题式抽奖、游戏式抽奖、连动抽奖等形式。

小刀酒开展"财神送财"的幸运抽奖活动，既有彩头，又利用人们不会拒绝财神爷的心理，让消费者消费购买并参与抽奖活动。

河北味道府开展的"幸运一把抓"就是一个很不错的抽奖促销形式，它将福利彩票搬进酒店。一是消费者现场参与感强；二是透明度高，消费者完全凭运气参与抽奖。

山庄老酒在石家庄市场开展的"砸金蛋"活动，引发消费者参与热潮。

某企业与市内一家酒店合作，每隔一周就将"每消费100元获得一次抽奖机会，特等奖为餐费免单"的现场抽奖促销秀做一周，连做了一个月，不仅该酒店因客人火爆而笑逐颜开，还引起其他酒店的关注，并主动要求进货做促销。

6. 连环奖励

连环奖励的促销形式是指在单次购买或单瓶产品有奖的基础上，额外通过累计的方式促使消费者反复多次购买。其活动方式有三个。

一是空瓶换酒。即集满一定数额的空瓶或空盒，可以兑换一瓶原品或其他指定奖品。而且累计一定数量后，还能获取礼品。

二是集齐指定数量或指定类型的卡片（卡片本身也有奖项设置）即可兑换礼品或原品。如世界杯期间投放有国家名称的奖卡，冠军国奖卡可以兑换奖品，同时集齐32个国家名称可以再兑换奖品。

三是购买产品能够中奖或有奖，集齐一定标志性的物件还有惊喜大奖。十八酒坊于2005年11月到2006年1月在石家庄推出了"18悬赏"促销活动。"18悬赏"采取了"买赠+抽大奖"形式，包括两重喜：一重喜，买就送，人人都有赏；二重喜，解密中大奖。

7. 联合促销

许多企业在联合终端做活动时，喜欢从自身角度考虑问题，导致活动中途夭折或者难以执行。所以，必须考虑酒店的接受度、配合度、共赢度，才能把活动做好。

如联合酒店举办厨师才艺比赛活动。联合酒店，消费该产品1瓶，餐费可以打9折；消费3瓶以上可以打8折；连续消费满10瓶，酒店可为该消费者发放银卡一张，长期享受8折优惠；消费满30瓶，发放金卡一张，长期享受6折优惠。与夜总会、酒吧、KTV联合促销。联合酒店做节日促销（端午节、父亲节、母亲节、情人节、中秋节、圣诞节、春节等）。

总之，联合对象必须是与该产品消费相关联，又互不构成竞争的单位和产品。

8. 主题性促销

一个品牌或产品在发展初始阶段，应当注入主题性、爆炸式的促销概念并坚持下去，将其塑造为"流行性热点话题"，刺激消费者的消费热情。无论是消费者、经销商还是媒体，都会对热点的东西产生高度的消费信任和竞相追捧，有利于口碑传播，品牌会越来越热，形成良性消费循环。如万枚金戒大赠送，千万真金白银大赠送，喝××酒中轿车，万台笔记本电脑大放送，千名"新、马、泰"五日游，"喝××酒，万部iPhone5S中不停"，等等。

9. 体验促销

企业可以邀请部分重点客户、消费者参观酒厂生产线或企业有特色的经营场所，以旅游的方式使消费者体验到产品或品牌的特征和价值。让消费者亲身感受到酒厂厚重的企业文化，感受到企业对他的重视，拉近他与企业的距离。通过这种体验式促销，势必会加强消费者对该白酒品牌的忠诚度。同时他也会成为活广告，整个品牌的形象就会逐步建立起来。如西凤酒的体验式促销活动：消费者只要购买3750元西凤酒，即赠3750元陕西境内及西凤酒厂旅游，包括法门寺、兵马俑、华清池、芙蓉园、华山等陕西境内的知名景点，当然也包括神秘的西凤酒厂。

10. 植入式促销

植入式促销就是将企业的品牌形象和品牌宣传导语植入到消费者消费流程的某一个环节中。如婚庆买酒达到10件，提供商务车一部作为迎亲车队用车；生日聚会用酒达到5件，提供生日蛋糕等。当然，植入式促销所用的物料都必须有品牌的元素，以达到有效宣传企业、提升品牌形象和品牌知名度的作用。

第四节　终端推动

必须明白一个道理：一个新产品的动销，首先要解决愿意卖的问题，其次才是解决有人愿意买的问题。有人愿意卖，产品才可能动销；有人愿意买，产品才能持续动销。

因为任何一个新产品的推出都有一定的风险，尝试风险的化解往往依靠终端的推荐与意见领袖人群的带动。所以，解决愿意卖的问题，即解决终端推力问题、解决产品推荐率的问题。

在市场营销中，在追求铺货率的同时，更要追求推荐率：把那些既能"引导"消费，又能够在初期"把握"价格的领袖型终端找出来，聚焦资源、重点进攻，依靠这些领袖型终端的推荐快速形成产品动销。

那么，如何解决终端推力的问题呢？

一、利润第一，利润是终端推力产生的基本点

利润是形成具备强大推力终端的第一需求。

这些领袖型终端不是雷锋，他们是商人中的佼佼者唯利是图。如果你的产品不是畅销产品，又不能创造高额利润，任凭业务人员说得再好，他们也不可能帮助你带头销售产品。

产品利润空间的大小，是影响终端进货决策的首要因素，也是直接影响终端销售积极性的首要因素。在相同销量的前提下，卖一箱相当于竞品销售三箱，终端肯定乐意卖，并有理由分配更多的终端资源给你；店老板是本店的形象大使，混的是脸面活，说话有一

定的分量。

只有在保证销售的产品有足够利润空间的前提下，终端才会考虑产品是否畅销，是否能轻松地推销出去，因为他们相信自己的能力、资源是可以把产品卖出去的。

一个新产品基本上要保证终端利润是畅销竞品利润的 1.3~1.5 倍，名品但非畅销品也不例外，这样才能充分提高终端主推的积极性。一般而言，引起终端销售兴趣的利润临界点，新产品不要低于40%，成熟产品也要保持10%以上。

所以，在新产品上市制定价格策略时，一定要做足价格文章，要在零售环节留有充裕的零售利润空间，保持新产品销售的高利润优势。

二、即使利润第一，也不能直接反映在产品供价上

终端利润多寡一定不能直接体现在产品价格上，否则容易产生低价销售。终端利润要体现在渠道促销活动方式与合作方式上。

对终端的利益激励具体操作，暂列举12种方式。

1. 随货附赠

按组进货时，附赠实物奖，并不一定是统一的实物，可以根据终端需要定制实物。附赠酒水奖、分值卡、抽奖券等，以刺激终端以组为单元坎级式进货，有效刺激终端大量进货。

2. 配货奖励

为激发终端的进货热情，促进产品销售，根据不同的情况，可对部分产品实行配货奖励措施。如进光瓶酒赠盒装畅销品、进低价酒奖高价酒，因为盒装酒或高价位的酒终端不愿意单独进货，通过

配货奖励不仅能够让终端把盒装酒或高价位酒展示出来,还能够把低价位酒的利润空间拉大,让终端感觉奖励力度很大。配货奖励是进货时就兑现的。

3. 累计奖励

根据终端店月度或季度累计产品销售数量或金额,制定返点奖励政策并及时兑现。如月度销售累计达 8000 元,则另行给予 5% 的返点奖励,季度累计 3 万元再奖 3%。当然,要根据实际产品价格定位、市场情况设计累计目标值。餐饮终端,在本月内累计 30 个盖可兑换××礼品、累计 50 盖可兑换××礼品、累计 80 个盖可兑换××礼品等。

返点奖励是在一定时期后达到奖励标准才兑现的,是事后奖励。

厂家或经销商在确定累计折扣的起点及不同档次时,应考虑淡旺季、市场成长度、其他同类产品销售和本产品的销售变化等。

奖励的方式不宜采用现金方式,应以奖励企业的产品或其他赠品为主。如某白酒通过利益捆绑的模式绑住核心终端,使当地数十家终端几乎成了其品牌的专卖场。这家企业与核心终端签订销售合同,采取月结与季度结算的方式,如果这些终端超标完成销售任务,另加奖励。另外,在年底视其销量大小、货款回笼情况还给予奖励。

4. 不定期抽奖

不定期抽奖既能增强终端客情,又不会诱发其降价销售。现实中,终端为了得到更高的返利或奖励,往往会降价销售。抽奖本是博彩,有博大奖的机会,与产品销售政策没有直接关联,使得终端不知道确切的额外利益,自然不会轻易降价销售。抽奖讲的是中奖率,刚开始执行时,中奖率要很高,而且大奖相对较多,这样才能直接刺激终端的热情及参与度与传播度。虽然活动刚开始参与人不多，但抽奖结果迅速被传播，终端热情会逐渐被调动起来，效果就会不错。

5. 包量有奖

根据核心终端的销售能力，为了调动其主推、销售的热情，双方签订包量目标，通过给予日常进货的常规政策支持，包量任务完成的台阶奖励，以及超额完成时模糊奖励三种奖励方式，来刺激与维护终端销售的积极性及规范性。也可以在规定时间内，完成双方设定的目标，就满足终端需求的奖励，多表现在实物性奖励或店面支持。

6. 回收箱皮

为了刺激终端销售，采取现金回收空箱的激励手段。在一定时期内，根据品项和推广的侧重点权衡，将有的产品外包装箱每个按12元或者18元进行回收，来刺激终端推销的积极性。尤其当一个产品比较畅销时，因为终端利润相对较低，为避免终端销售积极性的降低，可采取现金回收箱体的方式。或者新产品上市阶段，由于新产品利润空间相对竞品没有太大优势，不能激发终端推销的积极性，这时通过回收空箱办法增加终端客户利润点、增强客户主推的积极性，随着产品被消费者接受，逐步降低回收空箱的力度。

7. 陈列奖励

为了充分展示产品形象，增加消费者购买机会，抢夺产品陈列排面已经成为众品牌竞争的方式之一。一般表现为争夺黄金位置排面，争夺更多的集中陈列面，若终端能够按照要求陈列，厂家按月给予现金或实物的陈列奖励。

许多精明的厂家或经销商会将陈列奖励与销量直接挂钩，设定陈列和销量双指标进行坎级奖励。陈列的最终目的是为了销售，因此，与一步到位的奖励挂钩，在维持陈列的情况下，激发终端的推销热情。

8. 氛围打造奖励

许多品牌为充分进行品牌宣传、充分传达促销信息，对终端进行店招、门头制作（一般形象比较好，白酒销量比较大的终端），包括酒柜、柜眉、店内外 KT 板、POP、灯箱、海报、灯笼、价格签、室内外堆箱展示、腰线、窗贴等宣传，或进行年度买断生动化或者某些方面进行阶段性的买断生动化，只要能够达到公司标准，就给予终端一定金额的奖励。

9. 店面费用支持

在竞争过程中，许多白酒品牌针对一些白酒核心销售大户，在制定双方合作标准的情况下，给予促销人员房租费用、水电费用、人员工资等方面的支持，根据终端销售任务的台阶标准及任务的完成情况，给予不同比例的支持，充分调动终端的销售积极性与配合积极性。

10. 专职促销

设专职促销，用口头传播方式，直接向目标消费群宣传、推介产品，推广品牌等。关键点是设计专业说辞与产品卖点、品牌推广说辞，以及促销人员推销技能与临场应变能力的培养。这里餐饮店问题不大，流通网点一般根据客户需要或者厂家战略行为进行设置。

11. 客户授牌奖励

终端客户的销售实力是非常强的，销量比较大，为了提高其对企业的忠诚度及荣誉感，不仅要给予物质奖励，还要给予显性的荣誉奖励，诸如授予"××年度销售状元""××年市场开拓状元""××年度市场增长率状元"等称号。对客户而言，物质奖励和精神鼓励同样需要，授予这样的牌匾也是对客户销售的认可，同时也刺激了一部分其他客户。

12. 宴席促销奖励

为刺激店老板能够在喜宴方面主推本产品，加速产品动销，使更多消费者能够品鉴新产品，不仅要对喜宴购买者提供大力度促销，针对终端老板也要有不菲的推荐奖励。

安徽市场古井年份原浆5年，开票价是158元/瓶、婚宴价是188元/瓶，每桌赠送一瓶光瓶酒，要求消费者购买数量不得低于赠送数量。终端负责向消费者推介，推介成功后联系经销商或业务人员，确定宴席举办时间和地点，经销商负责配送至现场，并确认最终用酒数量。按照最终用酒数量返利终端30元/瓶、中间人介绍费20元/瓶，十桌及以上，再奖励终端150元现金。

三、打消顾虑

市场竞争越发激烈，许多终端甚至一些领袖型终端也不愿意冒风险尝试推广刚上市的新产品。他们心中有一定的顾虑，害怕占用资金、害怕产品难动销、害怕价格混乱影响信誉等。这时，可以采取适当的措施打消终端的顾虑，调动他们进货、销售的积极性。

1. 可以换货

向他们承诺若销路不好，可以调换本企业的其他畅销产品。

2. 承诺无条件退货

厂家对自己产品的销售前景及对终端助销工作充满信心时，可以承诺无条件退货，免除终端的后顾之忧，降低产品滞销给他们带来的风险。

3. 加强价位监控，保持终端价格稳定

厂家在给终端留下足够利润空间的同时，必须加强价格管理，使价格始终保持在规定的价位上，避免价格混乱，造成客户缺乏安全感，导致产品快速夭折。

业务人员定期巡查、走访，在做好理货的同时，督促终端遵守区域零售价格标准，通过取消销售奖励和支持的处罚措施来维护零售价格体系。

4. 对喜欢降价销售的客户进行限量或控货

一些大客户喜欢采用大销量与大政策，喜欢一次性进货一定数量，然后得到相应的政策支持。这类客户在保证既有利益的基础上，喜欢根据消费者的要求，有意无意地对产品进行打折销售，造成产品售价在市面上的不统一，直接影响其他客户销售的热情。对这类客户可采取不合作或者限量供货的方式。

5. 适当降低铺货密度，避免恶性竞争

核心终端具有领袖带头作用，同时也是对手，在不影响产品在市场合理布点的同时，适当降低铺货密度，间接为终端划分销售范围，如相邻的终端中每3家选取1家，从而避免终端之间的恶性竞争。

6. 给予专业销售指导、支持

终端不是真的不愿意卖你的产品，而是终端不知道怎么卖你的产品，怕卖不动你的产品。如给予终端一定的品尝酒，让经常到店里的常客、熟客先品尝后购买；邀请终端的常客及老板召开小型品鉴会，让他们的熟客先行动起来；在终端店里做现场买赠活动，让他们看到这个产品能够卖得动，增强他们的信心；在终端店驻店推销，不仅能够加深客情、增加销量，更能增强终端信心等。

四、强化客情

业务人员要定期上门了解终端的经营状况、竞品情况、销售情况、店主的具体需要等信息，并把店主及家人的兴趣、爱好、生日等登记在册，做个性化的感情交流。销售人员要做好店主关系管理，和终端建立良好的关系，使其主动向消费者推荐产品。

对终端的掌控程度是一个逐步进化的过程，经常拜访终端老板、联络感情、维护客情，这是基本的客情之法。你与老板熟悉程度越高，给终端提供的价值越高，客情就越稳固，就越有利于产品动销回货，如为老板的生意出谋划策、有共同爱好、成为良师益友等。

五、专业动销指导与支持

厂家对终端提供专业性的指导与支持，可以大大促进店主对厂家的信任与认可，此举能长久获得终端的主推支持。所以，产品动销不仅在于提高终端推动的积极性，还在于你如何帮助终端推动产品销售。

1. 指导终端的销售工作

指导终端的销售工作，包括产品卖点的介绍、推销的技巧、产品的陈列展示、POP广告的支持和消费者抱怨处理等工作。人们都愿意介绍熟悉的东西，给终端提供推荐的理由和话术，让其推荐产品不费力气，形成推荐你的产品的习惯。一方面，话术一定要好记、好说；另一方面，要有推荐的载体，让他们推销不费劲。

另外，产品铺给终端以后，产品可能暂时不畅销，这要求业务人员开动脑筋，发现存在的问题，然后以此为基础，找到解决的办法，协助终端做好经营。

2. 终端推动工作具体动作

一是**核心店小瓶酒赠送**：给予核心店老板小瓶酒作为品尝酒，让其帮忙推荐与在卖酒现场品尝，这种方法虽然很浪费，但效果非常好。第一，容易增强客情；第二，便于老板推荐；第三，利于消费转移。

二是**品鉴卡**：发放品鉴卡，让终端店老板作为礼品送给自己的客户，与终端协商好，让客户到指定地点领酒。如果终端老板不同意，也可以让终端店老板送酒，企业回访品质、口感如何。

三是**熟客品鉴会+优惠券**：宴请终端店熟客、常客，办品鉴会。赠送优惠券，凭优惠券现场购买，或者到客户店里购买，或者客户团购。不但动销，而且销量巨大。

四是**箱内设大奖**：箱内放置高档礼品（笔记本电脑、千元现金等）、空瓶换酒，来刺激终端老板多进货、多开箱、多推销。如柔和种子酒就在外箱内放置笔记本电脑的奖票，来刺激终端老板主动推销。

五是**终端店消费者推广活动**：为了刺激终端店动销，可以在店内开展活动。如买酒赠烟、限时打折、限量打折、限时赠送、限人赠送（前多少名购酒，不一定是本品）、现场品鉴体验、幸运大抽奖，买就可以参与砸金蛋、买就可以参与其他娱乐活动等。

第七章
Chapter 7

基础管理

第一节　销售人员的招、用、育、留、管

许多企业或区域办事处在销售人员的工作上经常遭遇着招时选不准、用时用不好、管时管不了、留人留不住的尴尬。究竟是什么因素导致这种现象的频频发生呢？

一、招人之道：选择大于努力

为什么招人难？为什么招到的人用起来不顺手呢？

首先，我们需要明白一个观念，招聘不是招贤。我们在招聘中，给那些招聘者附加众多限定条件，恰恰导致我们最不容易招到合适的人。

其实，招人的目的在于用人，用人的关键在于匹配，需要根据自己所处的阶段定出招人的标准，不是动不动就招能人、高手、像自己一样的人……

我们不要过度奢望改造一个人，只能选择适合的人，在能力上提升他，在规则、制度、标准上约束他。

许多企业喜欢能人，尤其是卖货，单兵作战能力强，俗称大业务，但这种业务人员最容易成为公司后期发展的障碍，多不服管教或自立门户。

1. 弄明白在什么阶段究竟需要什么样的人

表7-1是不同阶段招人的要求。

表7-1 不同阶段招人的要求

阶段	初创生存	快速发展	遭遇瓶颈	稳定成熟
工作重点	销售	逐渐建立以销售为主导的规章制度和工作流程	制度、工作流程、标准成型	规范化的组织结构和工作流程
管理特征	老板主导下带着干	老板主导下的粗放式管理，老板领着干	老板主导下的精细化管理，组织转型、激活，老板指导着干	个人主导减弱，组织结构成型，分工明确，制度化、规范化管理
组织现状	无人可用	良莠不齐	人员流动	组织稳定
招人思路	忠诚为主 能力为辅	能力为主 制度为辅	态度至上 能力为辅	组织分工 态度至上
备注	愿意跟你混	重目的结果	重服从制度、规则、绩效	制度下的绩效能力、组织能力

初创期靠老板自己带着干。老板的话就是规则，否则生意做好很难。自己不愿意干，则需有一个代替自己的经理人。

发展期靠大家，决策在老板。老板既不能亲力亲为，因为不是业务人员，又不能远离市场。

壮大期靠管理。你能管多少人，生意就有多大。专业分工很关键，组织的能力越强，生意就越大。

企业小的时候靠聪明勤奋，中等时期靠专业指导，做大了靠管理分工。

业务靠老板的,企业很难做大。销量靠几个牛人的,也很难做大,靠几个牛人的企业是最危险的企业。一个具备有效模式的企业,听话的人比能干的人更重要。

组织或个人的未来,现在已经注定。企业或个人的现在,过去已经注定。所以,经销商的人生就是不断过坎、转型的过程。

2. 弄清楚招聘人究竟看什么

思考一:究竟要看应聘者的什么?

我们在招聘时究竟是考察应聘者的素质、能力、经验、资源、人品、责任心、学习力、习惯……还是其他?

我们喜欢看一个人的个人素质、工作能力、经验、资源、人品、责任心等,因为这些是能否做好工作的基本保障,但却不知道支撑这些背后的本质是什么。

其实,决定人的行为的不是知识,而是本能和习惯。企业虽有规章制度,但习惯决定行为。匹配公司的人,更利他利己。其实,无论是公司文化还是个人素质,都是由习惯体现出来的。

思考二:习惯究竟隐藏在哪里?

首先,六看。

一看填表。通过填表,看这个人是不是遵守规则的人,如果能按照设计表格认真填写,说明此人比较重视组织规定。

二看衣着。通过衣着打扮,看此人对重要的事情的处理态度。对应聘者来说,面试应该是比较重要的事情,如果着装比较随便或不修边幅,说明此人比较随便,缺失主次意识。

三看小动作。通过应聘者的小动作看到一个人的内心世界。因为小动作是一个人的本能反应,在吹嘘说谎时一些小动作很容易暴露出来。

四听声音。从声音的有力程度，能够看出一个人是不是自信的人、敢于挑战的人。

五看口头禅。口头禅是一个长期养成的关键时刻不受控制的习惯。通过口头禅，可以看出一个人是敢于承担还是习惯找借口的人，是面对问题找办法还是无能为力的人。

六看反应。通过一个人对问题的反应速度、反应表现、反应内容，来判断一个人的思维能力、处理问题的技巧等。

其次，七问。

一是让其自我介绍，看看其逻辑思维能力及主次掌控能力。

二是根据应聘信息表中的信息提问题，抓核心问题或疑惑问题追根问底。

三是让其说出自己的优劣势，来判断一个人的自我认知。

四是了解为什么到这里来，判断其现状与需求。

五是为什么要离开原来企业，判断其人品。

六是最值得骄傲的事情是什么，判断其在意什么。

七是让其谈谈怎么做一个市场，判断其对市场操作的认知。

最后，利用三个技巧。

一是打破砂锅问到底。紧紧追问，通过他的反应速度，来挖出他的真实情况，而非经过修饰的东西。

二是突然转换话题。通过突然转换话题，根本不给其思考的时间，暴露其本能的反应，以及一些事物的真实现象。

三是把人带入你的程序中，不要跟着他走。在面试时，我们有时喜欢让应聘者自己说，来判断他的能力、性格，其实这种方式很难把握准，因为许多应聘者的话是事先设计出来的，甚至是多次应聘形成的套话。

3. 一个优秀销售人员的潜在基因究竟有哪些

一是勤勉：勤能补拙，勤奋是销售的基础。

二是坚持：贵在坚持，成功源于坚持。

三是沟通：交流交心，用心交流的人更能得到认可。

四是自信：相信自己，能够敢于挑战。

五是悟性：一学即会，能够快速成长。

六是能力：懂得自我管理的人往往能力更突出。

4. 我们拿什么来吸引他们

在招聘新人、面试新人时要理解他们究竟需要什么、他们在意什么。公司的环境、影响力、薪资待遇、成长……有人为挣钱、有人为成长、有人为轻松做事、有人为被在意……

所以，我们在面试时要向应聘者展示以下方面：

一是给予希望。成长的希望、成才的希望、赚钱的希望、被尊重的感觉。

二是待遇竞争力。设计基本工资与绩效工资的平衡＋福利，让应聘者感觉有希望。

三是公司像个公司。公司小不可怕，可怕的是不像个公司。公司要有精气神，否则新员工看不到价值感。组织结构不健全没关系，要有制度、规则、标准等。

5. 我们如何招人

公司在市场的表现及势能是最好的广告，能让许多人主动找到公司，愿意加入公司。

要编写最具杀伤力的招聘内容。不要模仿别人或复制别人的招聘内容，要用心、用情感、用希望去写招聘内容，这样更能打动人。

二、用人之道：让平凡的人创造不平凡的业绩

在用人时，要因需而用，知道自己要让他做什么；要因才而用，知道员工最擅长什么；要因阶段而用，这个阶段最需要的人是什么样的。

1. 让员工知道做什么，也就是你需要他们做什么

一是面对新人：因需塑模。

一个新入职的员工加入公司后，他们内心在想些什么？新人到了，一般对他们做些什么？两种行为最常见：为什么跟着老员工实习时，没几天就要走了呢？为什么跟过老员工的新人往往难以成为你所期望的人呢？如果让老员工带新人，究竟交给什么样的老员工？

二是面对能人、老员工：因才、因阶段。

老员工就是不太愿意按照你的要求做事，但最终业绩不错，怎么办？老员工占着市场不作为，而且客观原因多，怎么办？老员工看到新人快速成长、超越自己，老板对新人好，开始不安分起来，怎么办？如果老员工和新人之间不断出现矛盾，怎么办？新人与老员工的工作目标与内容要不要雷同？让新员工摸着石头过河，是对公司与新员工的不负责任。

2. 让员工知道怎么做

一是基本套路：给予方法、工具、标准、资源、要求，让其按照你的要求做事。一般个人管理从"高标准，严要求"做起；组织管理从"低标准，严要求"做起。

二是具体事情：关注他们正在做的事情、做事的行为方式、遇到的问题、解决问题的办法。你能发现他们的不足之处和特长吗？

你是主动指导他们，还是放任他们？你是按照目标要求他们，还是按照过程要求他们呢？

所以，如果工作是有效的，那么提高效率比节省费用更重要，不要做资源不公的举动。

3. 让员工知道能够得到什么

让员工带着目标出去，带着方法做事，带着收获回来，时时渴望惊喜出现。

有收入，薪资的可比性、可获得性。

有成就感，按照公司方法做就能感觉在成功、在成长。

能够被认可：事情做了，做好了，但销售业绩并不好，能否被认可、被在意、被指导呢？

幸福感：虽有压力但不压抑，虽然很累，但感觉很幸福。

4. 因人而异：用人八字诀

对优秀的人，管理就是信任；对平凡人，信任就是管理。

一是"骑马"：对于业务能力和职业道德领先的人，给予他们充足的发展空间和充分的信任、自由，鼓励他们放开手脚，大胆发挥。

二是"牵牛"：对于忠实可靠、工作敬业，但能力不足的人，引导他们多学习业务知识，提高工作能力、提升工作效益、掌握工作方法。

三是"打狗"：对于能力没问题，个人修养有问题，经常制造问题和引发矛盾的人，对他们严格管理、有效监督，进行行为准则教育、强化职业要求培训，加大违规处罚力度。

四是"骂猪"：对于业务能力不达标，组织纪律不遵守，对待工作懒散松懈的人，实施绩效考核，明确奖惩机制，加强训斥力度，及时淘汰。

三、育人之道：让成长无处不在

员工的问题无非就两个：员工会不会干的技能问题、想不想干的态度问题。员工会干又想干，这就叫执行力。

育人最困难的不是提升能力，而是改变人们的行为。决定人们行为的不是知识，而是习惯。习惯无法通过培训解决，只有通过日复一日的管理校正解决。

习惯的养成要从做入职的第一件事开始，所以不仅要招聘与企业习惯雷同的人，更重要的是要培养习惯。21天的重复会形成习惯，90天的重复会形成稳定的习惯。

一个企业的文化往往是由员工的行为习惯表现出来的。个人习惯的改变是高度意志下的行为，群体习惯的改变是高度受控下的行为。

1. 让员工在不知不觉的积极氛围中成长

一是技能手册。建立方法工具箱，让员工简单选择自己需要的方法与工具；建立纸上作业习惯，纸上作业是把优秀人员的作业习惯记录下来，变成全体员工的作业习惯；成功案例集萃，把公司员工及搜集的成功案例整理起来，让他们学习。

二是因材施教。针对一线员工培训，短暂简单，因用而学，效果最好。

三是上进氛围。员工的成功或成长多是被迫的，被学习环境推着、被管理者逼着、被公司发展拉着。

四是言传身教。千万不要骂部下。骂部下是笨蛋，只能说明你有眼无珠，不会选拔人才；骂部下是笨蛋，只能说明你不会培养人才。

2. 让例会成为育人的最美时刻

三个例会：日例会、周例会、月例会。你开过几个？成功例会，贵在坚持，开出质量，天天有收获。所以，高效例会要把握10大注意事项。

一是目标推动原则。两大目标：销量目标和工作目标。

二是绩效管理原则。帮扶业务创造成绩与绩效。

三是围绕主题原则。解决什么事、分配什么事，围绕核心事。

四是成果清晰原则。具体到结果，不是做了什么，而是做到什么程度。

五是问题解决原则。分辨问题、解析问题，提供解决方案。

六是避免牢骚原则。严禁牢骚，提倡在解决问题中发现机会。

七是多建议少意见。多给予可行性建议，少进行指责批评，业务无能，自己的责任最大。

八是业绩点评原则。选择性点评，根据时间安排（循环或抽点）。

九是检核奖罚公示。现场奖罚与公示奖罚，只为警示与激发，形成正能量与积极氛围。

十是学习分享原则。让大家主动学习别人的成功经验，分享自己的经验。

3. 你经常和员工私下谈心吗

你了解员工的家庭吗？你了解员工工作的背后原因吗？你真的了解员工希望得到什么吗？

育人成长并非仅仅单纯的工作方式，是从员工视角的一种关爱与沟通，也是一种培养。

4. 千万不要把公司的付出当成福利

你在占用员工的休息时间让他们学习吗？休息时间是私人的，最好不占用他们的休息时间。

要不要换一个心态考虑员工的学习、成长？员工把学习真的当成为自己学吗？多数人当成为企业学，所以，他们并不喜欢学习。

真的能指望员工主动学习提升吗？个人成功靠主动，集体成功靠被动。

四、留人之道：让员工爱你又怕你

爱是因为你的给予，怕是因为你的管理。管理者的职责是让业务人员被迫勤奋，被迫成功。所以，让市场成功、让客户成功，也是业务人员的职责。人性管理不是人情管理，让部下成功是最大的人性，大爱似无情。

1. 什么样的人容易流动

一线最稳定的人是中等水平的人。普通的业务人员，进入公司半年左右就容易流失，而工作一年以上的，一般有了自己的定位，赚钱之后就很少流动。最容易流动的人往往是有以下特征的人。

一是能力高的人。 能力高的人往往有追求，当公司不能满足他的发展需求时，很可能流失。这类员工的流失往往对其他员工造成一定的影响，使工作效率下降。

二是自以为是的人。 一瓶子不满，半瓶子咣当。自以为是，感觉怀才不遇，或者感觉庙小，其实自己就是一个"食之无味，弃之可惜"的鸡肋。

三是不学无术的人。 不学无术、没有能力的人也容易流失。这样的人往往落后于公司的发展，落后于由"大业务"组成的营销团队，基本上是"伪团队"，最容易散伙。

2. 为什么人员容易流动

容易流动的组织，往往是薪资、绩效设计不合理，压抑的工作环境，能人陷阱、结果陷阱导致的。

企业发展平台看不到希望，自己价值实现与提升看不到希望。

组织管理失衡，制度空文、标准缺失、有色眼镜等导致公司的人员流动性比较大。

管理者没有个人魅力或个人色彩过度，以及个人品质有问题，导致组织人才易于流动。

让一群平凡的人、愿意奋斗的人，都能创造业绩、获得成绩，这样的公司的人员流动性低。

不要陷入能人陷阱，大树底下不长草，没有新人生存的土壤，"大业务"在后来恰恰成为公司发展最大的障碍，也是人员流动的一个祸根。"大业务"越多，越要重视制度、标准、流程的管理。

3. 怎样才能让他们跟着你持续走下去

一是收入：合理的薪资绩效。

二是情感：用心爱你的员工，"生活＋工作"，不要耍小聪明，可以有方法。

三是环境：累并快乐着，有压力但没有压抑，上进，宣传正能量，不让"雷锋"吃亏，建立公开、公正、公平的制度，自己不做制度的破坏者，工作有标准、有流程。

四是组织：组织结构逐渐完善，逐渐打通上升通道。

五是控制：把握市场动向，核心终端掌控，要么不出手，一出手让人难以忘记。

五、管人之道：在于绩效，更在于过程

管理的本质在于创造绩效，绩效是期望实现的结果。

绩效的实现在于控制过程；过程的好坏在于跟踪指导检核；管理表面上看是向结果和绩效负责，其精髓却是计划、执行、跟踪、指导、检核。管理始于计划，行于标准，成于过程，终于控制。

1. 管好员工的前提——"四有"

一是有制度：制度只对意愿、行为、习惯、道德负责，却与能力无关。不过，制度的被破坏，往往首先因为老板。

二是有标准：万事皆有标准，以目标、结果为始，倒推做什么、怎么做。大到销售目标如何实现，小到一个例会如何开好都要有标准。

三是有检核：没有检核，结果难以确保。员工只喜欢做你考核的、你要求的事情，不会主动做你想做的事情。

四是有爱心：是不是用爱心、真心对待他们，还是把他们当成工具使用，他们是能够感觉到的。

执行力的基本保证是标准和流程，不是道德和精神。管好员工的过程是让员工感觉到你无处不在。

2. 营销管理，过程重于结果

无法控制过程，就无法控制结果。一是盯核心：你不在意，别人更不会在意，重要事情要像老太婆那样唠叨个不停，重要的事情要反复说。

二是重细节：不重细节，问题往往容易发生。营销管理就是发现部下认定正常或无视的问题。

三是给方法：发现问题不可怕，可怕的是不给解决问题的方法。

三是抓典型：好的坏的一起抓，不抓典型，就不知道厉害程度。

四是有奖罚：重要的事情不能只是嘴上说说，该出手时则出手。许多管理者多喜欢说说，不喜欢动真格的。

企业没有执行力，关键是管理者没有控制力。执行力的成功，关键在于对于它的反面（即不执行）后果的处理。对于销售来说，结果固然重要，但更重要的是结果能否重复，只有能不断重复的结果才是好结果。能够重复的结果，一定源于良性过程的驱动，好的过程才有好的结果。

3. 员工的绩效考核

收入＝基本底薪＋绩效工资＋销售提成＋其他奖励＋福利

绩效管理＝正确的目标＋打造完成目标的能力＋完成目标的收获

既是目标，又是标准，更是动力源。

优先安排创造绩效的工作，再安排排除问题的工作，不要被问题拖累工作。现在的成功是以前播下的种子，现在要播下未来成功的种子，核心的事很重要。

绩效考核内容的重心在于二性：

一是可变性：变化而非恒定的。公司发展或市场需要什么，则考核什么；考核什么，奖罚什么。不同阶段，考核不同；不同的人，考核不同。产品导入期与产品成熟期工作的重心与考核的重心不同；差市场与好市场考核的重心不同；淡季与旺季，工作重点与考核权重都会有所差异。新业务人员与老业务人员，工作的重心与考核的重心都有一定的差异。

二是核心性：指标不要超过三项，将考核权重聚焦到核心重要目标工作上，让业务团队把单一重要事情做好，达到高质量、高效果，是最佳的考核方式。许多企业的绩效考核往往因为指标过多而形同虚设，容易让销售团队无所适从。

第二节　别让例会成为摆设

高效例会的召开，不仅体现了销售管理者的会议管理能力，更体现了管理者的营销专业能力与团队管理能力。

一、营销管理者的四项基本能力

（1）谋：主要是指营销管理者对产品、市场、活动、目标的谋划、规划、计划能力。

（2）管：主要是对销售与市场方面的营销行为的步骤、节奏、关键点、结果的管理、管控、检核能力。

（3）导：主要是指对销售人员的行为、能力、素质等方面的指导、教导、培养。

（4）励：主要是指对销售人员的工作行为与工作绩效的正负激励。

如果一线营销管理者，不具备这四项基本能力，不做好这四个方面的工作，就不是一个优秀的一线营销指战员，是很难在现实营销管理中带好队伍、打好仗、做好市场的。

二、例会水平体现四项基本能力的水平

对一线营销管理者来说，每日的例会基本是以下方面的事情，这些事情的把握恰恰体现营销管理者的四项基本能力的水平。

首先，会围绕销售与市场的目标、计划、检查、回顾、总结，来发现销售人员或自己行为动作问题、市场问题、销售问题、心态问题，为他们面临的问题提供解决问题的方案，并指导、教导他们及对他们在某些方面进行专业培训。

其次，销售人员在销售与市场方面的行为动作、行为结果的点评，对优秀者的点评，对落后者或不作为者的惩罚，以此来激发、激活团队的心态与行为。

最后，就是根据环境现状、组织现状、目标或计划进展情况、上方指令等，调整目标、计划或某个事项，或者持续强化推进。

不要小看一个小小的例会，它对一个营销管理者对市场的或某种现象、情况的判断力，以及当即的决断力，甚至强大的执行力，有着深刻的要求。

三、例会是打造高效团队的最接地气、最高效的路径

对营销管理者来说，绝对不能轻视例会，尤其每日的早会或者晚会。俗话说："一日之计在晨，一日工作看例会。"

一个资深营销管理者必须深谙这些道理：得会议者，得团队；得会议者，得天下；开好会者，事竟成；会议开不好，后果很严重；好的会议，会让工作更精彩。

如果例会开不好，团队的凝聚力、执行力、业务能力都会严重打折。因为例会能够提高销售人员工作效率、决策效率，提高团队作业能力，增强团队凝聚力，提高团队执行力，还能构建学习型组织，更能统一他们的思想意识、激发他们的斗志，能够培养一支高战斗力的团队。

所以，如果你想以最快的速度了解一个团队，最有效的办法就是参加几次这个团队的例会。因为在组织会议的方式和水平中，融入了该团队一切外显和内涵的东西。

四、只有会开会的业务经理，才是真正优秀的业务经理

作为营销管理者、领导或者业务经理，仔细想一想，我们能和销售人员待在一起最多的时间是什么时候？当然是每日的例会。所以，我们必须要明白营销例会的目的是根据计划或目标推进情况来解决遇到的问题，推动整体绩效的实现。

一个业务经理想管理好团队，就要通过例会做到以下八个方面的要求。

（1）从例会中知道业务人员做了什么？需要什么？每个业务人员的优劣势是什么？

（2）从例会汇报中能够发现什么问题？

（3）对于发现或提出的问题，能够及时解决，给予专业指导或解决方案。

（4）能够从问题中发现市场机会、竞争机会，并做出决策。

（5）清楚知道抓哪些工作重心与阶段目标重点，重点的事情反复强调。

（6）懂得激发业务人员分享建议、分享成功案例，答案源于众人。

（7）现场评优劣、行奖罚、做指导、活气氛、激斗志。

（8）定目标、说计划、讲策略、供方法、给资源、有时限。

其实，在现实的例会中，业务人员还是喜欢有质量的例会，即使有时相对压抑一些，但有内容、有解决方法、能提升自我的例会，有利于团结与激发斗志。如果业务经理再懂一点沟通艺术，堪称完美。

五、不会开会的业务经理，例会上经常出现的症状

一个不会开会的业务经理或营销管理者，容易把会议开得变质、变味，毫无价值和效果。

（1）形式会：过流程、走形式、只汇报、无分析、无点评、无指导等。

（2）牢骚会：问题、牢骚一大堆，却很少有人给出建议与方案，领导反复强调执行力。

（3）说教会：会议一言堂，其他人都不发言，气氛沉闷、压抑。

（4）指标会：只有目标、计划，没有方法、步骤、资源，只有要求，没有指导。

（5）座谈会：例会成为座谈会，不聚焦主题，没有核心。

（6）扯皮会：有主题，但扯皮，没有结论，不能决策，不了了之。

（7）批斗会：例会成了批斗会，多半时间浪费在批评、指责某人上。

（8）无所谓：会议纪律散漫，迟到、早退、接打电话、玩手机现象严重等。

六、任何一个会议都要有目的，日例会也不例外

会议的目的是根据计划与目标的推进，解决现实中遇到的问题，

推动整体绩效的实现。

计划与目标往往以未来（年、季、月、周）来倒推今天的计划与目标，以及应该做的事情。

那么，我们如何实现这些计划或目标呢？

任何一个营销组织或个人，永远不能离开以下三大目标。

一是销量目标：每个人的销售目标，所管辖的区域目标，以及每个终端网点的目标。

二是市场目标：消费拉动、终端推动、氛围建设、核心店开发等市场建设方面的目标。

三是行为目标：终端拜访数量和质量、氛围打造质量、活动执行质量、终端开发质量等行为动作结果目标。

所以，对业务经理来说，每天召开的日例会必须围绕计划和目标、问题来设计开会的目的。故此，在开会前，我们每天都必须假设以下五个问题：

（1）我为什么要召开这次会议？我发现了什么问题？

（2）我想做什么？怎么改变他们？

（3）我想获得什么？我想让大家获得什么？

（4）如何让三大目标推进得更有质量、效率？对不同的人，我应该主抓哪一个目标？

（5）今天我应该抓什么样的标杆？正向还是负向的？

七、任何一个会议都需有准备

在会议前，再牛的人也需要提前做准备，才能让会议更有质量。只不过，资深专业的人，表面上没有做准备，其实他们一直在准备着，包括开会的现场中。

如何准备？

一是回顾：回顾自己在市场上、公司里，最近的所做、所见、所闻、所感、所想。

二是整理：整理自己看到的问题、发现的机会，以及解决问题的思路方案或搜集方法。

三是决定：对一些情况的处理决定、调整决定，以及应该强调的决定。

准备什么？

一是准备想说的，以及想让大家说的。

二是准备自己想看到的，以及想给大家看的。

三是准备想改变的内容，以及计划怎么来改变。

四是准备想决定的，以及想让大家决定的。

五是准备想强调的，以及想让大家重视的。

八、早会执行七步曲

在所有的例会中，需要强调每天例会的召开以及执行步骤。以早会为例：

1. 绩效上板

绩效上板需要把握三个关键：

一是阶段绩效。主要是本月绩效分解下的日绩效。

二是固定格式。固定好格式，每日让业务人员填写每日取得的绩效情况。

三是亲自填写。主要目的是让业务人员能够清楚地知道自己做了什么事情并取得哪些绩效,有哪些不足之处,能够每日晚上或者早上思考自己的工作。

备注:绩效模板上固定格式,多指一定阶段内的固定的、具体的工作内容,以及工作成果、绩效要求。但随着市场与销售的发展,以及阶段性重点工作的调整,其工作内容与绩效内容要求也会发生变化。如表7-2所示。

表7-2 每日标准化绩效模板

姓名	当日销量/累计销量	任务销量	当日拜访客户数	当日生动化家数	当日核心店开发打造家数/累计家数	当日原点人群开发人数/累计人数	当日消费者活动场次/累计场次

2. 早会仪式

首先,领导开场,一声棒喝:开会了,起立!

问候:大家早上好!

业务人员:好,很好,非常好!(手势或POSE)

为什么要有早会仪式?

一是仪式体现对早会的重视。

二是拉心神。把他们从沉浸在早晨的迷糊中、同事的海吹中,以及其他事情的思考中拉过来。

三是做准备。通过拉心神,让业务人员快速进入状态,思想上开始为早会做准备。

3. 做汇报:绩效汇报

首先,是领导自己先做自我汇报,向大家汇报。

一是自己昨天做了哪些事情。

二是发现哪些问题。

三是昨天做了哪些决定。

四是昨天现场奖惩了××。

自我汇报中，最重要的是让属下明白：你们在工作，我也没有闲着，而且你们在做，我也在看。针对你们汇报的事情，我也在检查，你们做得如何，我会在市场走访中发现，我很清楚，我会做出奖罚的。我也根据市场的变化、竞争的情况，做出新的决定，不会闭门造车。

其次，业务人员的工作总结和计划。

业务人员汇报昨天做的事情、取得的结果，以及今日的具体工作计划。

一是拜访了多少家店，拜访的每家店具体做了什么事情。

二是选择了哪家店作为核心店打造。

三是从哪家店获得多少常客信息。

四是在哪家店做了消费者促销活动。

五是哪些店氛围的打造超越竞品。

六是哪些店告知了产品动销的方法。

七是得到的竞品信息有哪些。

八是今天要拜访多少家网点，做哪些事情，计划取得什么样的结果，解决什么问题等。

4. 做点评

做点评的主要目的是针对业务人员的工作结果、工作行为进行点评，抓典型，奖优惩劣，提高团队的积极性。主要内容如下：

一是销量点评。主要针对销售目标的完成情况，不看昨天的回款金额，而是昨日回款占总目标的比率，看累计完成率情况，发现业务回款中的问题，看彼此之间的差距。

二是市场绩效。主要是市场建设中量化指标完成的结果。如核心店开发了多少家、原点人群开发多少个、品鉴会开了几场、针对店内外消费者活动做了几场，以及活动实际销售了多少产品、宴席用酒开发了多少家。

三是行为动作。主要是行为动作安排、结果方面合理不合理。如拜访频率的安排合不合理；产品生动陈列是否超越竞品；终端客情方面是否重点分类，重点维护能够产生销量及未来能够产生销量的终端；关于动销理由或说辞针对终端是不是反复说、反复告知指导。

四是排名点评。主要针对销量完成率的点评与市场绩效的排名点评，点评依据是持续性和超越性，落后者如何追赶，超前者如何保持。一般取得双冠王问题不大，单方面一高一低者，市场容易出问题。市场绩效决定销售结果，市场绩效做得不好，销量做得好，多存在过度压货、窜货等问题。

五是现场奖惩。对销量排名与市场绩效排名都连续取得第一的人进行奖励，对持续倒数第一的人进行惩罚，对单次销量完成率比较高、市场绩效比较好的人进行鼓励，并分析如何驱动其再接再厉。

5. 问题解析

在例会中该训的训了、该骂的骂了，还奖了、罚了。业务人员的困惑还是要解答的，让大家说出自己遇到的难题、问题和想法，"刁难"一下领导。没有问题是最大的问题，一人一个问题，提出好问题、给出好建议有奖。

在问题解析中，要把握问题本质与背后的真相，不要被问题迷惑。

一是让问题点变成机会点。如对手又在做渠道压仓活动，促销力度越来越大，他们进货价越来越低，我们再不加大力度，可能就没有销量了。其实，这是一个机会点，不能加大力度，而是要强化陈列、强调消费者推动，这样对手销售就会受阻，产品就会被降价卖，价格很快混乱，市场坚持不了多久。

二是看是共性问题还是个性问题。如果销售人员普遍反映某些问题，可能是企业管理出了问题或者政策有问题，造成大家执行效果不好。如我们要求大陈列，结果给予的陈列奖励相对偏低，推进速度慢、效果差，不过也有个别人做得好，这时不能以个别人的结果来说大家能力不行、执行力不好，必须根据实际情况解决问题。

三是看是心态问题还是方法问题。如果大多数人都没有问题，只有个别人有问题，那就是心态问题，而不是方法问题。如店内做促销，一般销售人员都能执行下去，而有的业务人员说店老板不同意，怕影响生意。这一定是业务人员没有沟通好，甚至心里就嫌麻烦，不愿意做。

四是把握住那些不是问题，被说成问题的问题。如我们的产品太贵了，终端很难接受，消费者也接受慢；我们在店里做活动，店里没人，没销量；店老板不让我们做活动；店里不让我们打造氛围；我们的陈列力度没有对手大，老板现在不主推我们的产品等。

在解析问题时，鼓励意见冲突，避免感情冲突。多问为什么，多让业务人员说怎么办。自己一时没有解决方案，次日给予；气氛要活泼，不要过于严肃。

6. 做分享

让销售人员分享自己在市场上的成功案例，供大家参考、学习，提升能力。

一是轮次分享。每天一人，轮流分享，制定分享表，记录案例，供后来者参考、学习。

二是突击分享。针对某人突然让其分享自己的成功案例，一般是领导发现了一个特别容易推广的案例，让大家借鉴，点名让某人分享其工作方法。

三是亲身经历/竞品案例。案例要是自己亲身经历的，以及自己在市场上亲眼看到、亲耳听到的竞品或其他品类产品成功提升销量、突破市场、驱动动销的案例。

7. 做强调：反复地强调

做管理要学会盯，要像老太太一样不厌其烦地说，不厌其烦地强调，避免其疏忽，避免其不上心。尤其是重点的事、重点的人（尤其是落后者）、重要的标准三个方面，不要怕麻烦，只有你重视的事情，他们才会更重视。

九、分享一点心经

（1）以终为始，以目标规划行动。

（2）凡事预则立，不预则废。

（3）站在全员和全局的角度考虑和处理问题。

（4）有问题不可怕，问题就是机会。

（5）凡事必有起因，凡事必有结果。

（6）例行工作标准化，例外工作例行化。

（7）一切重在坚持，习惯必成自然。

（8）跟踪检查是强化执行力的有力武器。

（9）所有的借口多源于懒惰与不自信。

第三节　打造高绩效团队

高绩效团队是任何一个企业或组织都渴望拥有的，但如何打造出高绩效团队却让大家很迷茫。因为高绩效团队是通过一系列管理塑造出来的，而非天天强化执行力驱动出来的。我们就从管理的本质看看如何才能打造出高绩效团队。

一、什么是绩效

绩效＝绩＋效。绩：业绩、成绩、收益、效益；效：效率、高效、有效。

绩效：有效率的效益，有效率的成绩。在规定时间内、资源下的业绩。

所以，绩效是指组织、团队或个人，在一定的资源、条件和环境下，完成任务的程度，是对目标实现程度及达成效率的衡量与反馈。

对管理者、部门负责人或团队领导者来说，他们的绩效多是通过他人来实现的，通过组织绩效或团队绩效，来实现他们的个人绩效。

所以，能否打造高绩效团队，决定管理者是否能够产出高绩效。

二、只有正向思维的领导，才容易打造出高绩效团队

对管理者来说，如果想成功打造一个高绩效的团队，首先需要解决一个最基本的问题，这是每个成功管理者或领导者必须具备的一种基本能力，就是正向思维的能力。

所谓正向思维，在你的眼中看到的不是困难，而是机会，看到的不是问题，而是解决问题的方法。

当大家看到困难的时候，你一定要看到机会。因为机会就是突破点，只要抓住了机会，困难可能就消失了，问题可能就消失了。

我曾经问过很多人："好市场问题多还是差市场问题多？"有些人回答："好市场销量大，当然问题多。"也有些人回答："差市场难做，当然问题多。"

其实，差市场的问题经常是被拿来小题大做，以证明市场差是有原因的。所以，差市场不是本身问题多，而是提出的问题多。

当你做市场时，你是从抓机会入手，还是从解决问题入手？问题永远解决不完，抓住了突破点，许多问题反而不是问题了。你是喜欢一个什么问题都不是问题的领导、什么问题都能迎刃而解的领导，还是喜欢一个整天被问题缠身、不断解决问题的领导呢？太多的问题，容易让团队成员自我放弃，更别谈高绩效了。

机会思维是一种战略思维模式，而解决问题思维是管理思维模型。

三、合理的目标管理，往往是资源匹配下的目标管理

目标管理其实也是计划管理，其关键组成元素有目标、资源及

两者之间的匹配关系。

我们常说的目标管理往往是聚焦在目标上，这非常不合理。真正的目标管理，事实上管理的是资源，而不是目标。资源包括人、财、物、策略，策略也是一种资源，是一种看不见但有效的资源。

当所拥有的资源能够支撑目标的时候，目标得以实现；当资源无法支撑目标或者大过目标的时候，要么浪费资源，要么"做白日梦"。

在实际营销管理中，我们喜欢制定目标，却容易忽略资源与目标的匹配关系，结果导致目标实现的结果参差不齐，能力强的完成目标，能力欠缺的难以达成目标，这是典型的策略失误。

我们必须根据组织的平均能力导入匹配的资源，制定大家都匹配的策略，才能保证组织中每个人都相对容易完成目标，这样的团队才是高效团队，并非由无数英雄人物组成的团队才是高效团队。

所以，每到一个地方，我不会去看你的目标有多高或多低，只关注你的资源与策略是否匹配，就能够清楚知晓你的目标管理是否合理。不要指望你的团队在资源不匹配、策略不精准、方法不对路的前提下创造高绩效，更不要说通过高压下的执行力打造高绩效团队。

对营销人员来说，目标一般有两个：销售目标与市场目标。

销售目标：就是用业绩说话。

市场目标：多指改善市场基础、新市场开发、新网点开发、市场开发重心下移、终端推广、消费者促销、氛围打造的行动等。

市场目标比销量目标更重要，区域负责人必须依靠市场目标推动销量目标，必须依靠正确的市场行动来完成销量目标。

好的绩效不仅是销售队伍拼搏的结果，更源于目标的正确引导、考核和激励，使销售团队的工作精力、工作方法、营销资源配置在产生营销成果的方向上。

所以，区域负责人若想你的团队产出高绩效，就必须做到两点：

（1）区域领导人根据企业整体营销目标或者企业下达的硬性指标，根据自己区域的具体情况，制定本区域市场具体、详尽的销售目标、市场目标、资源分配方案，分解落实到每一个团队成员身上（目标设定、目标分解、资源分配）。

（2）区域领导人指导或者参与团队成员目标制定，制订相应的工作计划与策略，并根据目标和成果的形态确定考核和检查指标，不断在过程管理中检查考核，确保目标执行效果（计划、策略、执行、检查、纠偏）。

四、策略管理

策略决定结局，方法决定战斗力。

一个成功的将军常常是让自己的作战计划适应环境、适应资源，而不是环境外、资源外、没有根据的计划。一个优秀的将军绝对不会以牺牲士兵的性命来换取胜利。胜兵先胜而后求战，败兵先战而后求胜。

策略决定结局，方法决定战斗力。匹配的策略，事半功倍；不匹配的策略，很容易造成目标执行的夭折，影响团队的士气与执行力，难以成就高效团队。

优秀的策略源于两个层面：

（1）区域领导对市场清晰的把握，自身优劣势及资源、环境现状清晰的分析，能让策略更加精准、有效。

（2）对现有团队成员的能力及优劣势的把握，分配更加匹配团队成功的工作目标、工作任务。

不要让团队在无方向、无方法的工作目标或者工作结果要求上做无用功，这样不仅会浪费资源而不能创造价值，还会让团队无法形成凝聚力，造成团队流动率很高，更别说成为高绩效的队伍了。

团队的流动，并非因为赚不到太多的钱，而是不能轻松地赚钱。团队成员看不到方向，没有成就感，每天得不到自我感觉有价值的收获。

五、过程管理

在匹配资源、策略下，好的过程才能产生好的结果。

在策略匹配的前提下，在工作方法正确的前提下，就一定会产生好的绩效吗？答案同样是否定的。

这里还必须增加一条，就是好的过程才会产生好的结果，所以，过程管理是实现高绩效结果不可缺失的一环。

过程管理的精髓是追踪、控制、指导或者调整。区域领导人绝对不能做甩手掌柜，要时刻关注区域日常销售工作的动态、进度，及早发现销售活动中所出现的异常现象及问题，以便及时解决。

销售人员过程管理的核心有三个：

（1）例会管理多指日例会、周例会、月会三大会议。

一个优秀的区域领导人一定要学会召开高质量、高效率的例会，高质量的例会能让业务团队每日、每周、每月都充满战斗力地投入工作。

通过例会，区域领导人能够清楚团队成员的工作目标、计划、结果，以及重要的市场信息、竞争产品情况，需要及时解决的问题等。甚至在例会现场就业务人员提出的问题与异议给予解决方案、指导思想，或者对其工作计划的补充或者对结果的督促，让团队总是处在做有意义、有价值的工作上。

（2）报表管理多指工作日报表。

报表内容多是拜访客户的数量、拜访客户的结果、货款回收或订货目标达成的实绩与比率、竞争者的市场信息、客户反映的意见、客户的最新动态、今日拜访心得等资料。

区域领导人通过工作日报表，不仅可以知道业务人员每日做得怎么样、遇到什么关键性问题，还能从中分析业务人员的成长情况、工作效率、市场整体表现等，为制定策略、改进管理提供依据。

（3）市场抽查与核心客户拜访。

区域领导人一定不能远离市场，要不定期地走访市场与拜访客户，通过自己的思维模式来发现市场问题，发现业务工作状态与质量，避免与市场脱节，避免业务的工作流于形式。

六、绩效管理

绩效考核本质上是一种过程管理，而不仅仅是对结果的考核。

强战斗力的队伍一定是绩效管理非常合理的组织。

绩效管理的本质是"制定正确的目标＋打造完成目标的能力"，即目标和能力这两项。如果非要增加一项，那就是让他们能够挣到钱，即"目标＋能力＋激励"。

所以，在绩效面前，我们一定是做什么事、怎么做这件事、做到什么程度、标准是什么、什么人去做、怎么分工或合作、怎么奖励，都要有匹配的策略、方法、人员安排。否则，绩效管理就会变成一种目标考核管理，绩效结果会因人而不同，无法产生整体绩效，更别说打造高绩效团队了。看看你的绩效管理是不是仅仅是考核，而缺失了相应的能力指导。

记住：绩效管理强调的是组织目标与个人目标的一致性，强调组织与个人同步成长，依靠组织能力成就个人能力。绩效考核本质上是一种过程管理，而不仅仅是对结果的考核。

绩效管理尤其是考核层面绝非简单的一种形式贯穿始终，而是因人、因时、因目标不断变换权重。我们看到许多企业，一种绩效考核形式使用许多年，这简直糟蹋了绩效管理，尤其对于营销人员。

绩效考核往往是要求什么就考核什么，考核什么就奖罚什么。不同阶段，考核不同；不同的人，考核不同。

我们在实际的绩效管理中容易犯大一统的管理错误，分辨不清某个阶段的核心目标工作是什么，分辨不清不同阶段的人，工作内容、考核重心也不同。如产品导入期与产品成熟期工作的重心与考核的重心绝对不同；差市场与好市场考核的重心绝对不同；淡季与旺季，工作重点与考核权重都会有所差异。新业务人员与老业务人员，工作的重心与考核的重心都有一定的差异性。大一统管理是导致我们在营销管理中，团队凝聚力弱、绩效差的根本原因。

在实际绩效考核中，那种"基本工资+提成"的简单粗暴式绩效管理办法，不仅难以确保市场的建设质量与市场的良性持续发展，更无法真正确保团队成员的工作激情与工作质量，更无法打造高绩效团队。

销售团队的合理收入应该体现在：实际收入=基本工资+绩效考核+提成+阶段性奖励+年终奖励。

考核应单一化，月度指标不超过三项，最好为一到两项，将考核权重聚焦到核心重要的目标工作上，让业务团队把单一重要事情做好是最佳考核方式。如7月针对网点开展氛围营造，重点是店招工程，分级制作店招；8月针对网点开展货架陈列，开展3个月的协议陈列活动；9月针对二批商开展25件赠送一件的中秋压货活动，考核出货量和参与活动的家数等。

现实中，许多企业的绩效考核往往因为指标过多而形同虚设，也容易让销售团队无所适从，更别说打造高绩效团队了。

七、学习管理

学习不仅能够提升团队的工作技能与质量，更重要的是能够改变销售团队的思想意识与思维方式。

学习管理通过计划、组织、领导、控制等管理方式，让学习程序化、流程化、规范化、习惯化，从而达到高效学习的目的。

一个优秀的销售团队，学习的管理一般表现为三种方式。

（1）领导现身说法方式，充当教练，现场指导。

如陪同业务人员一起拜访客户，进行一对一的有效沟通和指导；团队带头人针对业务人员的自身优缺点，结合市场和客户的特点给予辅导；双方共同商拟改善方案和行动计划，并进行追踪管理，定期检查进展情况，制定下一步计划。通过持续地改善跟进循环，并持之以恒，提升销售团队的整体销售能力。

（2）专业专题培训方式。

通过公司内部专业讲师或者外聘讲师培训，或者团队内部研发课程进行培训学习，定期组织学习培训。其实，企业需要一个专门培训的组织或部门。

区域领导者也要不断培养自身的培训能力，通过周会或者月会给予业务团队专题培训学习。

（3）让团队养成自我学习的习惯。

习惯源于要求与管理的坚持，区域领导人要通过言传身教、指令安排，让销售队伍在影响与要求的双重力量下，由被动学习养成自主自觉学习的习惯。

八、文化管理

文化环境与团队荣枯互为因果，匹配的文化管理是高效团队发展的基本基因。

任何一支团队都有自己的文化。文化是什么？文化是一种性格，是一种气质。这种性格和气质，是由团队领导人的性格和气质决定的，或者由企业领导人的性格和气质以及组织的管理方式决定的，他们为团队注入了灵魂。文化不仅是企业或组织的灵魂，也是企业或组织的本质特征，是基于领导者、管理者推崇和执行的管理方式下产生的团队绩效。对销售管理者来说，怎么才能建立高绩效的团队文化呢？

下面只讲三个团队建设最需要，但却很难做好的内容。

（1）让下属敢于说话。

下属虽然能接受与自己的想法不符合的东西，但并不代表他们能坦然接受，这时就要鼓励他们说出自己的想法，不管是否合理。对于他们提出的合理化建议，应采纳并实行，甚至给予一定的物质奖励和精神奖励；对于不适用的建议也给予积极回应，并指出不合适的地方，让其提升，让下属感觉被重视。只有团队成员之间、团队上下级之间敢于说话，才能真正无障碍沟通。中国人有一个坏习惯，就是天生不愿意和领导沟通，领导往往成了最后知道问题的人。所以，必须通过一种管理方式，让大家敢于说话，最后形成习惯、形成团队的一种文化。

(2) 建立归属感。

我们知道,归属感最强的地方莫过于家的感觉。让团队成员在组织中感觉自己很有价值,是能够得到尊重、理解、支持的。被认可是个人建立团队归属感的基本要素。那些总是认为属下是"一群笨蛋"的管理者,是无法建立团队成员归属感的,而且总认为下属是笨蛋的领导,其实不是下属笨,而是他自己无能,不知道怎样培养下属。记住,归属感源于被认可,源于感觉自己在这个组织中很有价值。如果管理者看到的多是别人的优势,然后再鼓励优势的同时建议他们改进劣势,团队成员慢慢就会养成敢于挑战的习惯或文化。

据调查,70%的企业员工主动离职是因为内部氛围恶劣或与直属上司有矛盾,没有归属感。如果处处觉得自己被尊重,哪怕工资少点,许多人也愿意主动付出。

(3) 培养职业心。

职业其实是一种专业精神,不是一种工作。职业精神是一种能够自觉主动做好自己的工作、忠于自己的工作的态度,是员工知道怎样去创造和实现自身的价值,怎么样通过实现组织目标来实现个人目标。一个人一旦成长为不为工作做事,而为职业做事,自然就会成长为一个专业的人,无论技能、能力、态度,都会在自我管理、自我要求中匹配组织或团队的发展需要。所以,管理者要在日常管理中潜移默化地培养下属的职业心。

九、高绩效销售团队的六大标准

(1) 打造凝聚力。

把不同个性的人融合在一个团队中,求同存异,为完成区域销售目标与市场目标而共同努力工作，能够互相帮助，而不是互相抱怨。

（2）具有开放性。

在团体精神的前提下，摒弃等级观念，提倡门户开放，尊重个人。所有的团队都是由个人组成的，而每个团队成员都是值得珍惜的宝贵资源。

（3）强大执行力。

这是优秀团队的重要标记，再好的销售管理都离不开人的执行力，在策略匹配的情况下，有好的执行力就有好的过程，就会产生好的绩效。

（4）销售业绩。

业绩是见证组织能力、个人能力最直接的表现，没有好的业绩，最终是无法真正创造价值、无法让企业满意的。所以，对销售团队来说，再苦再难，都必须确保销售业绩的完成，然后再通过沟通或策略来解决市场问题。

（5）健康良性的市场。

发展市场需要长远的眼光，每个区域销售队伍的成员都应该明白自己的使命是为了市场持续良性的增长，不能为了眼前的利益而放弃长远的打算。

（6）寻找新的增长点。

业绩增长是销售人员的重要责任，敏锐地发现市场的机会点及业绩增长点，是一支优秀的区域销售队伍的特质。

推荐作者得新书！
博瑞森征稿启事

亲爱的读者朋友：

感谢您选择了博瑞森图书！希望您手中的这本书能给您带来实实在在的帮助！

博瑞森一直致力于发掘好作者、好内容，希望能把您最需要的思想、方法，一字一句地交到您手中，成为专业知识与管理实践的纽带和桥梁。

但是我们也知道，有很多深入企业一线、经验丰富、乐于分享的优秀专家，或者往来奔波没时间，或者缺少专业的写作指导和便捷的出版途径，只能茫然以待……

还有很多在竞争大潮中坚守的企业，有着异常宝贵的实践经验和独特的闪光点，但缺少专业的记录和整理者，无法让企业的经验和故事被更多的人了解、学习、参考……

这些都太遗憾了！

博瑞森非常希望能将这些埋藏的"宝藏"发掘出来，贡献给广大读者，让更多的人得到帮助。

所以，我们真心地邀请您，我们的老读者，帮助我们一起搜寻：

推荐作者。

可以是您自己或您的朋友，只要对本土管理有实践、有思考；可以是您通过网络、杂志、书籍或其他途径了解的某位专家，不管名气大小，只要他的思想和方法曾让您深受启发。

推荐企业。

可以是您自己所在的企业，或者是您熟悉的某家企业，其创业过程、运营经历、产品研发、机制创新，等等。不论企业大小，只要乐于分享、有值得借鉴书写之处。

总之，好内容就是一切！

博瑞森绝非"自费出书"，出版项目费用完全由我们承担。您推荐的作者或企业案例一经采用，我们会立刻向您赠送书币 100 元，可直接换取任何博瑞森图书的纸质版或电子版。

感谢您对本土管理的支持！感谢您对博瑞森图书的帮助！

推荐邮箱：bookgood@126.com　　　推荐手机：13611149991

与主编加为好友：　　　　　　　　　　bookgood2000

博瑞森管理图书网：http://www.bracebook.com.cn/index.html

1120 本土管理实践与创新论坛

这是由 100 多位本土管理专家联合创立的企业管理实践学术交流组织,旨在孵化本土管理思想、促进企业管理实践、加强专家间交流与协作。

论坛每年集中力量办好两件大事:第一,"**出一本书**",汇聚一年的思考和实践,把最原创、最前沿、最实战的内容集结成册,贡献读者;第二,"**办一次会**",每年 11 月 20 日本土管理专家们汇聚一堂,碰撞思想、研讨案例、交流切磋、回馈社会。

论坛理事名单(以年龄为序,以示传承之意)

常务理事:

彭志雄	曾 伟	施 炜	杨 涛	张学军	郭 晓
程绍珊	胡八一	王祥伍	李志华	陈立云	杨永华

理　　事:

卢根鑫	曾令同	宋杼宸	张国祥	刘承元	曹子祥	宋新宇	吴越舟
吴 坚	戴欣明	刘春雄	刘祖轲	段继东	何 慕	秦国伟	贺兵一
张小虎	郭 剑	余晓雷	黄中强	朱玉童	沈 坤	阎立忠	张 进
丁兴良	朱仁健	薛宝峰	史贤龙	卢 强	史幼波	叶敦明	王明胤
陈 明	岑立聪	方 刚	张东利	郭富才	叶 宁	何 屹	沈 奎
王 超	马宝琳	谭长春	夏惊鸣	张 博	李洪道	胡浪球	孙 波
唐江华	刘红明	杨鸿贵	伯建新	高可为	李 蓓	孔祥云	贾同领
罗宏文	史立臣	李政权	余 盛	陈小龙	尚 锋	邢 雷	余伟辉
李小勇	全怀周	沈 拓	徐伟泽	崔自三	王玉荣	蒋 军	侯军伟
黄润霖	金国华	吴 之	葛新红	周 剑	崔海鹏	柏 䶮	唐道明
朱志明	曲宗恺	杜 忠	远 鸣	范月明	刘文新	赵晓萌	张 伟
熊亚柱	孙彩军	刘 雷	王庆云	俞士耀	丁 昀	黄 磊	罗晓慧
伏泓霖	梁小平	鄢圣安					

企业案例・老板传记

书名．作者	内容/特色	读者价值
娃哈哈区域标杆：豫北市场营销实录 罗宏文　赵晓萌　等著	本书从区域的角度来写娃哈哈河南分公司豫北市场是怎么进行区域市场营销，成为娃哈哈全国第一大市场、全国增量第一高市场的一些操作方法	参考性、指导性，一线真实资料
像六个核桃一样：打造畅销品的36个简明法则 王超　范萍　著	本书分上下两篇：包括"六个核桃"的营销战略历程和36条畅销法则	知名企业的战略历程极具参考价值，36条法则提供操作方法
六个核桃凭什么：从0过100亿 张学军　著	首部全面揭秘养元六个核桃裂变式成长的巨著	学习优秀企业的成长路径，了解其背后的理论体系
借力咨询：德邦成长背后的秘密 官同良　王祥伍　著	讲述德邦是如何借助咨询公司的力量进行自身与发展的	来自德邦内部的第一线资料，真实、珍贵，令人受益匪浅
解决方案营销实战案例 刘祖轲　著	用10个真案例讲明白什么是工业品的解决方案式营销，实战、实用	有干货，真正操作过的才能写得出来
招招见销量的营销常识 刘文新　著	如何让每一个营销动作都直指销量	适合中小企业，看了就能用
我们的营销真案例 联纵智达研究院　著	五芳斋粽子从区域到全国/诺贝尔瓷砖门店销量提升/利豪家具出口转内销/汤臣倍健的营销模式	选择的案例很有代表性，实在、实操！
中国营销战实录：令人拍案叫绝的营销真案例 联纵智达　著	51个案例，42家企业，38万字，18年，累计2000余人次参与……	最真实的营销案例，全是一线记录，开阔眼界
双剑破局：沈坤营销策划案例集 沈坤　著	双剑公司多年来的精选案例解析集，阐述了项目策划中每一个营销策略的诞生过程，策划角度和方法	一线真实案例，与众不同的策划角度令人拍案叫绝、受益匪浅
宗：一位制造业企业家的思考 杨涛　著	1993年创业，引领企业平稳发展20多年，分享独到的心得体会	难得的一本老板分享经验的书
简单思考：AMT咨询创始人自述 孔祥云　著	著名咨询公司（AMT）的CEO创业历程中点点滴滴的经验与思考	每一位咨询人，每一位创业者和管理经营者，都值得一读
边干边学做老板 黄中强　著	创业20多年的老板，有经验、能写、又愿意分享，这样的书很少	处处共鸣，帮助中小企业老板少走弯路
三四线城市超市如何快速成长：解密甘雨亭 IBMG国际商业管理集团　著	国内外标杆企业的经验＋本土实践量化数据＋操作步骤、方法	通俗易懂，行业经验丰富，宝贵的行业量化数据，关键思路和步骤
中国首家未来超市：解密安徽乐城 IBMG国际商业管理集团　著	本书深入挖掘了安徽乐城超市的试验案例，为零售企业未来的发展提供了一条可借鉴之路	通俗易懂，行业经验丰富，宝贵的行业量化数据，关键思路和步骤

互联网+

书名．作者	内容/特色	读者价值
触发需求：互联网新营销样本・水产 何足奇　著	传统产业都在苦闷中挣扎前行，本书通过鲜活的案例告诉你如何以需求链整合供应链，从而把大家熟知的传统行业打碎了重构、重做一遍	全是干货，值得细读学习，并且作者的理论已经经过了他亲自操刀的实践检验，效果惊人，就在书中全景展示
移动互联新玩法：未来商业的格局和趋势 史贤龙　著	传统商业、电商、移动互联，三个世界并存，这种新格局的玩法一定要懂	看清热点的本质，把握行业先机，一本书搞定移动互联网
微商生意经：真实再现33个成功案例操作全程 伏泓霖　罗晓慧　著	本书为33个真实案例，分享案例主人公在做微商过程中的经验教训	案例真实，有借鉴意义
阿里巴巴实战运营——14招玩转诚信通 聂志新　著	本书主要介绍阿里巴巴诚信通的十四个基本推广操作，从而帮助使用诚信通的用户及企业更好地提升业绩	基本操作，很多可以边学边用，简单易学

续表

分类	书名・作者	内容/特色	读者价值
互联网+	今后这样做品牌:移动互联时代的品牌营销策略 蒋 军 著	与移动互联紧密结合,告诉你老方法还能不能用,新方法怎么用	今后这样做品牌就对了
	互联网+"变"与"不变":本土管理实践与创新论坛集萃.2016 本土管理实践与创新论坛 著	本土管理领域正在产生自己独特的理论和模式,尤其在移动互联时代,有很多新课题需要本土专家们一起研究	帮助读者拓宽眼界、突破思维
	创造增量市场:传统企业互联网转型之道 刘红明 著	传统企业需要用互联网思维去创造增量,而不是用电子商务去转移传统业务的存量	教你怎么在"互联网+"的海洋中创造实实在在的增量
	重生战略:移动互联网和大数据时代的转型法则 沈 拓 著	在移动互联网和大数据时代,传统企业转型如同生命体打算与再造,称之为"重生战略"	帮助企业认清移动互联网环境下的变化和应对之道
	画出公司的互联网进化路线图:用互联网思维重塑产品、客户和价值 李 蓓 著	18个问题帮助企业一步步梳理出互联网转型思路	思路清晰、案例丰富,非常有启发性
	7个转变,让公司3年胜出 李 蓓 著	消费者主权时代,企业该怎么办	这就是互联网思维,老板有能这样想,肯定倒不了
	跳出同质思维,从跟随到领先 郭 剑 著	66个精彩案例剖析,帮助老板突破行业长期思维惯性	做企业竟然有这么多玩法,开眼界

行业类:零售、白酒、食品/快消品、农业、医药、建材家居等

分类	书名・作者	内容/特色	读者价值
零售・超市・餐饮・服装・汽车	1. 总部有多强大,门店就能走多远 2. 超市卖场定价策略与品类管理 3. 连锁零售企业招聘与培训破解之道 4. 中国首家未来超市:解密安徽乐城 5. 三四线城市超市如何快速成长:解密甘雨亭 IBMG国际商业管理集团 著	国内外标杆企业的经验+本土实践量化数据+操作步骤、方法	通俗易懂,行业经验丰富,宝贵的行业量化数据,关键思路和步骤
	涨价也能卖到翻 村松达夫 【日】	提升客单价的15种实用、有效的方法	日本企业在这方面非常值得学习和借鉴
	零售:把客流变成购买力 丁 昀 著	如何通过不断升级产品和体验式服务来经营客流	如何进行体验营销,国外的好经营,这方面有启发
	餐饮企业经营策略第一书 吴 坚 著	分别从产品、顾客、市场、盈利模式等几个方面,对现阶段餐饮企业的发展提出策略和思路	第一本专业的、高端的餐饮企业经营指导书
	赚不赚钱靠店长:从懂管理到会经营 孙彩军 著	通过生动的案例来进行剖析,注重门店管理细节方面的能力提升	帮助终端门店店长在管理门店的过程中实现经营思路的拓展与突破
	汽车配件这样卖:汽车后市场销售秘诀100条 俞士耀 著	汽配销售业务员必读,手把手教授最实用的方法,轻松得来好业绩	快速上岗,专业实效,业绩无忧
耐消品	跟行业老手学经销商开发与管理:家电、耐消品、建材家居 黄润霖 著	全部来源于经销商管理的一线问题,作者用丰富的经验将每一个问题落实到最便捷快速的操作方法上去	书中每一个问题都是普通营销人亲口提出的,这些问题你也会遇到,作者进行的解答则精彩实用
白酒	变局下的白酒企业重构 杨永华 著	帮助白酒企业从产业视角看清趋势,找准位置,实现弯道超车的书	行业内企业要减少90%,自己在什么位置,怎么做,都清楚了
	1. 白酒营销的第一本书(升级版) 2. 白酒经销商的第一本书 唐江华 著	华泽集团湖南开口笑公司品牌部长,擅长酒类新品推广、新市场拓展	扎根一线,实战

续表

	书名/作者	内容简介	推荐理由
白酒	区域型白酒企业营销必胜法则 朱志明 著	为区域型白酒企业提供35条必胜法则,在竞争中赢销的葵花宝典	丰富的一线经验和深厚积累,实操实用
	10步成功运作白酒区域市场 朱志明 著	白酒区域操盘者必备,掌握区域市场运作的战略、战术、兵法	在区域市场的攻伐防守中运筹帷幄,立于不败之地
	酒业转型大时代:微酒精选2014-2015 微酒 主编	本书分为五个部分:当年大事件、那些酒业营销工具、微酒独立策划、业内大调查和十大经典案例	了解行业新动态、新观点,学习营销方法
快消品·食品	乳业营销第一书 侯军伟 著	对区域乳品企业生存发展关键性问题的梳理	唯一的区域乳业营销书,区域乳品企业一定要看
	食用油营销第一书 余盛 著	10多年油脂企业工作经验,从行业到具体实操	食用油行业第一书,当之无愧
	中国茶叶营销第一书 柏龑 著	如何跳出茶行业"大文化小产业"的困境,作者给出了自己的观察和思考	不是传统做茶的思路,而是现在商业做茶的思路
	调味品营销第一书 陈小龙 著	国内唯一一本调味品营销的书	唯一的调味品营销的书,调味品的从业者一定要看
	快消品营销人的第一本书:从入门到精通 刘雷 伯建新 著	快消行业必读书,从入门到专业	深入细致,易学易懂
	变局下的快消品营销实战策略 杨永华 著	通胀了,成本增加,如何从被动应战变成主动的"系统战"	作者对快消品行业非常熟悉、非常实战
	快消品经销商如何快速做大 杨永华 著	本书完全从实战的角度,评述现象,解析误区,揭示原理,传授方法	为转型期的经销商提供了解决思路,指出了发展方向
	一位销售经理的工作心得 蒋军 著	一线营销管理人员想提升业绩却无从下手时,可以看看这本书	一线的真实感悟
	快消品营销:一位销售经理的工作心得2 蒋军 著	快消品、食品饮料营销的经验之谈,重点图书	来源与实战的精华总结
	快消品营销与渠道管理 谭长春 著	将快消品标杆企业渠道管理的经验和方法分享出来	可口可乐、华润的一些具体的渠道管理经验,实战
	成为优秀的快消品区域经理 伯建新 著	37个"怎么办"分析区域经理的工作关键点	可以作为区域经理的'速成催化剂'
	销售轨迹:一位快消品营销总监的拼搏之路 秦国伟 著	本书讲述了一个普通销售员打拼成为跨国企业营销总监的真实奋斗历程	激励人心,给广大销售员以力量和鼓舞
	快消老手都在这样做:区域经理操盘锦囊 方刚 著	非常接地气,全是多年沉淀下来的干货,丰富的一线经验和实操方法不可多得	在市场摸爬滚打的"老油条",那些独家绝妙招一般你问都是问不来的
	动销四维:全程辅导与新品上市 高继中 著	从产品、渠道、促销和新品上市详细讲解提高动销的具体方法,总结作者18年的快消品行业经验,方法实操	内容全面系统,方法实操
农业	中小农业企业品牌战法 韩旭 著	将中小农业企业品牌建设的方法,从理论讲到实践,具有指导性	全面把握品牌规划,传播推广,落地执行的具体措施
	农资营销实战全指导 张博 著	农资如何向"深度营销"转型,从理论到实践进行系统剖析,经验资深	朴实、使用!不可多得的农资营销实战指导
	农产品营销第一书 胡浪球 著	从农业企业战略到市场开拓、营销、品牌、模式等	来源于实践中的思考,有启发
	变局下的农牧企业9大成长策略 彭志雄 著	食品安全、纵向延伸、横向联合、品牌建设……	唯一的农牧企业经营实操的书,农牧企业一定要看

续表

医药	新医改下的医药营销与团队管理 史立臣 著	探讨新医改对医药行业的系列影响和医药团队管理	帮助理清思路,有一个框架
	医药营销与处方药学术推广 马宝琳 著	如何用医学策划把"平民产品"变成"明星产品"	有真货、讲真话的作者,堪称处方药营销的经典!
	新医改了,药店就要这样开 尚 锋 著	药店经营、管理、营销全攻略	有很强的实战性和可操作性
	电商来了,实体药店如何突围 尚 锋 著	电商崛起,药店该如何突围?本书从促销、会员服务、专业性、客单价等多角度给出了指导方向	实战攻略,拿来就能用
	在中国,医药营销这样做:时代方略精选文集 段继东 主编	专注于医药营销咨询15年,将医药营销方法的精华文章合编,深入全面	可谓医药营销领域的顶尖著作,医药界读者的必读书
	OTC医药代表药店销售36计 鄢圣安 著	以《三十六计》为线,写OTC医药代表向药店销售的一些技巧与策略	案例丰富,生动真实,实操性强
	OTC医药代表药店开发与维护 鄢圣安 著	要做到一名专业的医药代表,需要做什么、准备什么、知识储备、操作技巧等	医药代表药店拜访的指导手册,手把手教你快速上手
	引爆药店成交率1:店员导购实战 范月明 著	一本书解决药店导购所有难题	情景化、真实化、实战化
	引爆药店成交率2:经营落地实战 范月明 著	最接地气的经营方法全指导	揭示了药店经营的几类关键问题
	医药企业转型升级战略 史立臣 著	药企转型升级有5大途径,并给出落地步骤及风险控制方法	实操性强,有作者个人经验总结及分析
建材家居	建材家居营销实务 程绍珊 杨鸿贵 主编	价值营销运用到建材家居,每一步都让客户增值	有自己的系统、实战
	建材家居门店销量提升 贾同领 著	店面选址、广告投放、推广助销、空间布局、生动展示、店面运营等	门店销量提升是一个系统工程,非常系统、实战
	10步成为最棒的建材家居门店店长 徐伟泽 著	实际方法易学易用,让员工能够迅速成长,成为独当一面的好店长	只要坚持这样干,一定能成为好店长
	手把手帮建材家居导购业绩倍增:成为顶尖的门店店员 熊亚柱 著	生动的表现形式,让普通人也能成为优秀的导购员,让门店业绩长红	读者有趣,用着简单,一本在手、业绩无忧
	建材家居经销商实战42章经 王庆云 著	告诉经销商:老板怎么当、团队怎么带、生意怎么做	忠言逆耳,看着不舒服就对了,实战总结,用一招半式就值了
工业品	销售是门专业活:B2B、工业品 陆和平 著	销售流程就应该跟着客户的采购流程和关注点的变化向前推进,将一个完整的销售过程分成十个阶段,提供具体方法	销售不是请客吃饭拉关系,是个专业的活计!方法在手,走遍天下不愁
	解决方案营销实战案例 刘祖轲 著	用10个真案例讲明白什么是工业品的解决方案式营销,实战、实用	有干货,真正操作过的才能写得出来
	变局下的工业品企业7大机遇 叶敦明 著	产业链条的整合机会、盈利模式的复制机会、营销红利的机会、工业服务商转型机会……	工业品企业还可以这样做,思维大突破
	工业品市场部实战全指导 杜 忠 著	工业品市场部经理工作内容全指导	系统、全面、有理论、有方法,帮助工业品市场部经理更快提升专业能力
	工业品营销管理实务 李洪道 著	中国特色工业品营销体系的全面深化、工业品营销管理体系优化升级	工具更实战,案例更鲜活,内容更深化
	工业品企业如何做品牌 张东利 著	为工业品企业提供最全面的品牌建设思路	有策略、有方法、有思路、有工具
	丁兴良讲工业4.0 丁兴良 著	没有枯燥的理论和说教,用朴实直白的语言告诉你工业4.0的全貌	工业4.0是什么?本书告诉你答案

续表

分类	书名·作者	内容/特色	读者价值
工业品	资深大客户经理:策略准,执行狠 叶敦明 著	从业务开发、发起攻势、关系培育、职业成长四个方面,详述了大客户营销的精髓	满满的全是干货
工业品	一切为了订单:订单驱动下的工业品营销实战 唐道明 著	其实,所有的企业都在围绕着两个字在开展全部的经营和管理工作,那就是"订单"	开发订单、满足订单、扩大订单。本书全是实操方法,字字珠玑,句句干货,教你获得营销的胜利
金融	交易心理分析 (美)马克·道格拉斯 著 刘真如 译	作者一语道破赢家的思考方式,并提供了具体的训练方法	不愧是投资心理的第一书,绝对经典
金融	精品银行管理之道 崔海鹏 何屹 主编	中小银行转型的实战经验总结	中小银行的教材很多,实战类的书很少,可以看看
金融	支付战争 Eric M. Jackson 著 徐彬 王晓 译	PayPal创业期营销官,亲身讲述PayPal从诞生到壮大到成功出售的整个历史	激烈、有趣的内幕商战故事! 了解美国支付市场的风云巨变
房地产	产业园区/产业地产规划、招商、运营实战 阎立忠 著	目前中国第一本系统解读产业园区和产业地产建设运营的实战宝典	从认知、策划、招商到运营全面了解地产策划
房地产	人文商业地产策划 戴欣明 著	城市与商业地产战略定位的关键是不可复制性,要发现独一无二的"味道"	突破千城一面的策划困局
房地产	电影院的下一个黄金十年:开发·差异化·案例 李保煜 著	对目前电影院市场存大的问题及如何解决进行了探讨与解读	多角度了解电影院运营方式及代表性案例

经营类:企业如何赚钱,如何抓机会,如何突破,如何"开源"

分类	书名·作者	内容/特色	读者价值
抓方向	让经营回归简单. 升级版 宋新宇 著	化繁为简抓住经营本质:战略、客户、产品、员工、成长	经典,做企业就这几个关键点!
抓方向	公司由小到大要过哪些坎 卢强 著	老板手里的一张"企业成长路线图"	现在我在哪儿,未来还要走哪些路,都清楚了
抓方向	企业二次创业成功路线图 夏惊鸣 著	企业曾经抓住机会成功了,但下一步该怎么办?	企业怎样获得第二次成功,心里有个大框架了
抓方向	老板经理人双赢之道 陈明 著	经理人怎样选平台、怎么开局,老板怎样选/育/用/留	老板生闷气,经理人牢骚大,这次知道该怎么办了
抓方向	简单思考:AMT咨询创始人自述 孔祥云 著	著名咨询公司(AMT)的CEO创业历程中点点滴滴的经验与思考	每一位咨询人,每一位创业者和管理经营者,都值得一读
抓方向	企业文化的逻辑 王祥伍 黄健江 著	为什么企业绩效如此不同,解开绩效背后的文化密码	少有的深刻,有品质,读起来很流畅
抓方向	使命驱动企业成长 高可为 著	钱能让一个人今天努力,使命能让一群人长期努力	对于想做事业的人,'使命'是绕不过去的
思维突破	移动互联新玩法:未来商业的格局和趋势 史贤龙 著	传统商业、电商、移动互联,三个世界并存,这种新格局的玩法一定要懂	看清热点的本质,把握行业先机,一本书搞定移动互联网
思维突破	画出公司的互联网进化路线图:用互联网思维重塑产品、客户和价值 李蓓 著	18个问题帮助企业一步步梳理出互联网转型思路	思路清晰、案例丰富,非常有启发性
思维突破	重生战略:移动互联网和大数据时代的转型法则 沈拓 著	在移动互联网和大数据时代,传统企业转型如同生命体打算与再造,称之为"重生战略"	帮助企业认清移动互联网环境下的变化和应对之道
思维突破	创造增量市场:传统企业互联网转型之道 刘红明 著	传统企业需要用互联网思维去创造增量,而不是用电子商务去转移传统业务的存量	教你怎么在"互联网+"的海洋中创造实实在在的增量
思维突破	7个转变,让公司3年胜出 李蓓 著	消费者主权时代,企业该怎么办	这就是互联网思维,老板有能这样想,肯定倒不了

续表

	书名，作者	内容/特色	读者价值
思维突破	跳出同质思维，从跟随到领先 郭 剑 著	66个精彩案例剖析，帮助老板突破行业长期思维惯性	做企业竟然有这么多玩法，开眼界
	麻烦就是需求 难题就是商机 卢根鑫 著	如何借助客户的眼睛发现商机	什么是真商机、怎么判断、怎么抓，有借鉴
	互联网+"变"与"不变"：本土管理实践与创新论坛集萃·2016 本土管理实践与创新论坛 著	加速本土管理思想的孕育诞生，促进本土管理创新成果更好地服务企业、贡献社会	各个作者本年度最新思想，帮助读者拓宽眼界、突破思维
财务	写给企业家的公司与家庭财务规划——从创业成功到富足退休 周荣辉 著	本书以企业的发展周期为主线，写各阶段企业与企业主家庭的财务规划	为读者处理人生各阶段企业与家庭的财务问题提供建议及方法，让家庭成员真正享受财富带来的益处
	互联网时代的成本观 程 翔 著	本书结合互联网时代提出了成本的多维观，揭示了多维组合成本的互联网精神和大数据特征，论述了其产生背景、实现思路和应用价值	在传统成本观下为盈利的业务，在新环境下也许就成为亏损业务。帮助管理者从新的角度来看待成本，进一步做好精益管理

管理类：效率如何提升，如何实现经营目标，如何"节流"

	书名，作者	内容/特色	读者价值
通用管理	1. 让管理回归简单. 升级版 2. 让经营回归简单. 升级版 3. 让用人回归简单 宋新宇 著	宋博士的"简单"三部曲，影响20万读者，非常经典	被读者热情地称作"中小企业的管理圣经"
	分股合心：股权激励这样做 段 磊 周 剑 著	通过丰富的案例，详细介绍了股权激励的知识和实行方法	内容丰富全面、易读易懂，了解股权激励，有这一本就够了
	边干边学做老板 黄中强 著	创业20多年的老板，有经验、能写、又愿意分享，这样的书很少	处处共鸣，帮助中小企业老板少走弯路
	阿米巴经营的中国模式 李志华 著	让员工从"要我干"到"我要干"，价值量化出来	阿米巴在企业如何落地，明白思路
通用管理	中国式阿米巴落地实践之激活组织 胡八一 著	重点讲解如何科学划分阿米巴单元，阐述划分的实操要领、思路、方法、技术与工具	最大限度减少"推行风险"和"摸索成本"，利于公司成功搭建适合自身的个性化阿米巴经营体系
	欧博心法：好管理靠修行 曾 伟 著	用佛家的智慧，深刻剖析管理问题，见解独到	如果真的有"中国式管理"，曾老师是其中标志性人物
流程管理	1. 用流程解放管理者 2. 用流程解放管理者2 张国祥 著	中小企业阅读的流程管理、企业规范化的书	通俗易懂，理论和实践的结合恰到好处
	跟我们学建流程体系 陈立云 著	畅销书《跟我们学做流程管理》系列，更实操，更细致，更深入	更多地分享实践，分享感悟，从实践总结出来的方法论
质量管理	1. ISO9001:2015新版质量管理体系详解与案例文件汇编 2. ISO14001:2015新版环境管理体系详解与案例文件汇编 谭洪华 著	紧密围绕2015新版，逐条详细解读，工具也可以直接套用，易学易上手	企业认证、内审必备
战略落地	重生——中国企业的战略转型 施 炜 著	从前瞻和适用的角度，对中国企业战略转型的方向、路径及策略性举措提出了一些概要性的建议和意见	对企业有战略指导意义
	公司大了怎么管：从靠英雄到靠组织 AMT 金国华 著	第一次详尽阐释中国快速成长型企业的特点、问题及解决之道	帮助快速成长型企业领导及管理团队理清思路，突破瓶颈
	低效会议怎么改：每年节省一半会议成本的秘密 AMT 王玉荣 著	教你如何系统规划公司的各级会议，一本工具书	教会你科学管理会议的办法

续表

分类	书名/作者	内容简介	推荐语
战略落地	年初订计划,年尾有结果:战略落地七步成诗 AMT 郭晓 著	7 个步骤教会你怎么让公司制定的战略转变为行动	系统规划,有效指导计划实现
人力资源	回归本源看绩效 孙 波 著	让绩效回顾"改进工具"的本源,真正为企业所用	确实是来源于实践的思考,有共鸣
	世界 500 强资深培训经理人教你做培训管理 陈 锐 著	从 7 大角度具体细致地讲解了培训管理的核心内容	专业、实用、接地气
	曹子祥教你做激励性薪酬设计 曹子祥 著	以激励性为指导,系统性地介绍了薪酬体系及关键岗位的薪酬设计模式	深入浅出,一本书学会薪酬设计
	曹子祥教你做绩效管理 曹子祥 著	复杂的理论通俗化,专业的知识简单化,企业绩效管理共性问题的解决方案	轻松掌握绩效管理
	把招聘做到极致 远 鸣 著	作为世界 500 强高级招聘经理,作者数十年招聘经验的总结分享	带来职场思考境界的提升和具体招聘方法的学习
	人才评价中心·超级漫画版 邢 雷 著	专业的主题,漫画的形式,只此一本	没想到一本专业的书,能写成这效果
	走出薪酬管理误区 全怀周 著	剖析薪酬管理的 8 大误区,真正发挥好枢纽作用	值得企业深读的实用教案
	集团化人力资源管理实践 李小勇 著	对搭建集团化的企业很有帮助,务实,实用	最大的亮点不是理论,而是结合实际的深入剖析
	我的人力资源咨询笔记 张 伟 著	管理咨询师的视角,思考企业的 HR 管理	通过咨询师的眼睛对比很多企业,有启发
	本土化人力资源管理 8 大思维 周 剑 著	成熟 HR 理论,在本土中小企业实践中的探索和思考	对企业的现实困境有真切体会,有启发
	HRBP 是这样炼成的之"菜鸟起飞" 新 海 著	以小说的形式,具体解析 HRBP 的职责,应该如何操作,如何为业务服务	实践者的经验分享,内容实务具体,形式有趣
企业文化	华夏基石方法:企业文化落地本土实践 王祥伍 谭俊峰 著	十年积累、原创方法、一线资料、和盘托出	在文化落地方面真正有洞察,有实操价值的书
	企业文化的逻辑 王祥伍 著	为什么企业之间如此不同,解开绩效背后的文化密码	少有的深刻,有品质,读起来很流畅
	企业文化激活沟通 宋杼宸 安 琪 著	透过新任 HR 总经理的眼睛,揭示出沟通与企业文化的关系	有实际指导作用的文化落地读本
	在组织中绽放自我:从专业化到职业化 朱仁健 王祥伍 著	个人如何融入组织,组织如何助力个人成长	帮助企业员工快速认同并投入到组织中去,为企业发展贡献力量
	企业文化定位·落地一本通 王明胤 著	把高深枯燥的专业理论创建成一套系统化、实操化、简单化的企业文化缔造方法	对企业文化不了解,不会做？有这一本从概念到实操,就够了
生产管理	高员工流失率下的精益生产 余伟辉 著	中国的精益生产必须面对和解决高员工流失率问题	确实来源于本土的工厂车间,很务实
	车间人员管理那些事儿 岑立聪 著	车间人员管理中处理各种"疑难杂症"的经验和方法	基层车间管理者最闹心、头疼的事,'打包'解决
	1. 欧博心法:好管理靠修行 2. 欧博心法:好工厂这样管 曾 伟 著	他是本土最大的制造业管理咨询机构创始人,他从 400 多个项目、上万家企业实践中锤炼出的欧博心法	中小制造型企业,一定会有很强的共鸣

续表

分类	书名，作者	内容/特色	读者价值
生产管理	欧博工厂案例1：生产计划管控对话录 欧博工厂案例2：品质技术改善对话录 欧博工厂案例3：员工执行力提升对话录 曾伟 著	最典型的问题、最详尽的解析，工厂管理9大问题27个经典案例	没想到说得这么细，超出想象，案例很典型，照搬都可以了
	苦中得乐：管理者的第一堂必修课 曾伟 编著	曾伟与师傅大愿法师的对话，佛学与管理实践的碰撞，管理禅的修行之道	用佛学最高智慧看透管理
	比日本工厂更高效1：管理提升无极限 刘承元 著	指出制造型企业管理的六大积弊；颠覆流行的错误认知；掌握精益管理的精髓	每一个企业都有自己不同的问题，管理没有一剑封喉的秘笈，要从现场、现物、现实出发
	比日本工厂更高效2：超强经营力 刘承元 著	企业要获得持续盈利，就要开源和节流，即实现销售最大化，费用最小化	掌握提升工厂效率的全新方法
	比日本工厂更高效3：精益改善力的成功实践 刘承元 著	工厂全面改善系统有其独特的目的取向特征，着眼于企业经营体质（持续竞争力）的建设与提升	用持续改善力来飞速提升工厂的效率，高效率能够带来意想不到的高效益
	3A顾问精益实践1：IE与效率提升 党新民 苏迎斌 蓝旭日 著	系统的阐述了IE技术的来龙去脉以及操作方法	使员工与企业持续获利
	3A顾问精益实践2：JIT与精益改善 肖志军 党新民 著	只在需要的时候，按需要的量，生产所需的产品	提升工厂效率
员工素质提升	跟老板"偷师"学创业 吴江萍 余晓雷 著	边学边干，边观察边成长，你也可以当老板	不同于其他类型的创业书，让你在工作中积累创业经验，一举成功
	销售轨迹：一位快消品营销总监的拼搏之路 秦国伟 著	本书讲述了一个普通销售员打拼成为跨国企业营销总监的真实奋斗历程	激励人心，给广大销售员以力量和鼓舞
	在组织中绽放自我：从专业化到职业化 朱仁健 王祥伍 著	个人如何融入组织，组织如何助力个人成长	帮助企业员工快速认同并投入到组织中去，为企业发展贡献力量
	企业员工弟子规：用心做小事，成就大事业 贾同领 著	从传统文化《弟子规》中学习企业中为人处事的办法，从自身做起	点滴小事，修养自身，从自身的改善得到事业的提升
	手把手教你做顶尖企业内训师：TTT培训师宝典 熊亚柱 著	从课程研发到现场把控、个人提升都有涉及，易读易懂，内容丰富全面	想要做企业内训师的员工有福了，本书教你如何抓住关键，从入门到精通

营销类：把客户需求融入企业各环节，提供"客户认为"有价值的东西

分类	书名，作者	内容/特色	读者价值
营销模式	动销操盘：节奏掌控与社群时代新战法 朱志明 著	在社群时代把握好产品生产销售的节奏，解析动销的症结，寻找动销的规律与方法	都是易读易懂的干货！对动销方法的全面解析和操盘
	变局下的营销模式升级 程绍珊 叶宁 著	客户驱动模式、技术驱动模式、资源驱动模式	很多行业的营销模式被颠覆，调整的思路有了！
	卖轮子 科克斯【美】	小说版的营销学！营销理念巧妙贯穿其中，贵在既有趣，又有深度	经典、有趣！一个故事读懂营销精髓
	弱势品牌如何做营销 李政权 著	中小企业虽有品牌但没名气，营销照样能做的有声有色	没有丰富的实操经验，写不出这么具体、详实的案例和步骤，很有启发

续表

分类	书名/作者	内容简介	推荐理由
营销模式	老板如何管营销 史贤龙 著	高段位营销16招,好学好用	老板能看,营销人也能看
	动销:产品是如何畅销起来的 吴江萍 余晓雷 著	真真切切告诉你,产品究竟怎么才能卖出去	击中痛点,提供方法,你值得拥有
销售	资深大客户经理:策略准,执行狠 叶敦明 著	从业务开发、发起攻势、关系培育、职业成长四个方面,详述了大客户营销的精髓	满满的全是干货
	销售是门专业活:B2B、工业品 陆和平 著	销售流程就应该跟着客户的采购流程和关注点的变化向前推进,将一个完整的销售过程分成十个阶段,提供具体方法	销售不是请客吃饭拉关系,是个专业的活计!方法在手,走遍天下不愁
	向高层销售:与决策者有效打交道 贺兵一 著	一套完整有效的销售策略	有工具,有方法,有案例,通俗易懂
	卖轮子 科克斯【美】	小说版的营销学!营销理念巧妙贯穿其中,贵在既有趣,又有深度	经典、有趣!一个故事读懂营销精髓
	学话术 卖产品 张小虎 著	分析常见的顾客异议,将优秀的话术模块化	让普通导购员也能成为销售精英
组织和团队	升级你的营销组织 程绍珊 吴越舟 著	用"有机性"的营销组织替代"营销能人",营销团队变成"铁营盘"	营销队伍最难管,程老师不愧是营销第1操盘手,步骤方法都很成熟
	用数字解放营销人 黄润霖 著	通过量化帮助营销人员提高工作效率	作者很用心,很好的常备工具书
	成为优秀的快消品区域经理 伯建新 著	37个"怎么办"分析区域经理的工作关键点	可以作为区域经理的'速成催化器'
	一位销售经理的工作心得 蒋军 著	一线营销管理人员想提升业绩却无从下手时,可以看看这本书	一线的真实感悟
	快消品营销:一位销售经理的工作心得2 蒋军 著	快消品、食品饮料营销的经验之谈,重点突出	来源于实战的精华总结
	销售轨迹:一位快消品营销总监的拼搏之路 秦国伟 著	本书讲述了一个普通销售员打拼成为跨国企业营销总监的真实奋斗历程	激励人心,给广大销售员以力量和鼓舞
组织和团队	用营销计划锁定胜局:用数字解放营销人2 黄润霖 著	全方位教你怎么做好营销计划,好学好用真简单	照搬套用行行,做营销计划再也不头痛
	快消品营销人的第一本书:从入门到精通 刘雷 伯建新 著	快消行业必读书,从入门到专业	深入细致,易学易懂
产品	产品炼金术Ⅰ:如何打造畅销产品 史贤龙 著	满足不同阶段、不同体量、不同行业企业对产品的完整需求	必须具备的思维和方法,避免在产品问题上走弯路
	产品炼金术Ⅱ:如何用产品驱动企业成长 史贤龙 著	做好产品、关注产品的品质,就是企业成功的第一步	必须具备的思维和方法,避免在产品问题上走弯路
	新产品开发管理,就用IPD 郭富才 著	10年IPD研发管理咨询总结,国内首部IPD专业著作	一本书掌握IPD管理精髓
品牌	中小企业如何建品牌 梁小平 著	中小企业建品牌的入门读本,通俗、易懂	对建品牌有了一个整体框架
	采纳方法:破解本土营销8大难题 朱玉童 编著	全面、系统、案例丰富、图文并茂	希望在品牌营销方面有所突破的人,应该看看
	中国品牌营销十三战法 朱玉童 编著	采纳20年来的品牌策划方法,同时配有大量的案例	众包方式写作,丰富案例给人启发,极具价值
	今后这样做品牌:移动互联时代的品牌营销策略 蒋军 著	与移动互联紧密结合,告诉你老方法还能不能用,新方法怎么用	今后这样做品牌就对了

续表

	书名，作者	内容/特色	读者价值
品牌	中小企业如何打造区域强势品牌 吴之 著	帮助区域的中小企业打造自身品牌，如何在强壮自身的基础上往外拓展	梳理误区，系统思考品牌问题，切实符合中小区域品牌的自身特点进行阐述
渠道通路	快消品营销与渠道管理 谭长春 著	将快消品标杆企业渠道管理的经验和方法分享出来	可口可乐、华润的一些具体的渠道管理经验，实战
	传统行业如何用网络拿订单 张进 著	给老板看的第一本网络营销书	适合不懂网络技术的经营决策者看
	采纳方法：化解渠道冲突 朱玉童 编著	系统剖析渠道冲突，21个渠道冲突案例，情景式讲解，37篇讲义	系统、全面
	学话术 卖产品 张小虎 著	分析常见的顾客异议，将优秀的话术模块化	让普通导购员也能成为销售精英
	向高层销售：与决策者有效打交道 贺兵一 著	一套完整有效的销售策略	有工具，有方法，有案例，通俗易懂
	通路精耕操作全解：快消品20年实战精华 周俊 陈小龙 著	通路精耕的详细全解，每一步的具体操作方法和表单全部无保留提供	康师傅二十年的经验和精华，实践证明的最有效方法，教你如何主宰通路

思想·文化

	书名，作者	内容/特色	读者价值
思想·文化	每个中国人身上的春秋基因 史贤龙 著	春秋368年（公元前770－公元前403年），每一个中国人都可以在这段时期的历史中找到自己的祖先，看到真实发生的事件，同时也看到自己	长情商、识人心
	史幼波中庸讲记（上下册） 史幼波 著	全面、深入浅出地揭示儒家中庸文化的真谛	儒释道三家思想融汇贯通
	史幼波心经讲记（上下册） 史幼波 著	句句精讲，句句透彻，佛法经典的多角度阐释	通俗易懂，将深刻的教理以浅显的语言讲出来
	史幼波大学讲记 史幼波 著	用儒释道的观点阐释大学的深刻思想	一本书读懂传统文化经典
	史幼波《周子通书》《太极图说》讲记 史幼波 著	把形而上的宇宙、天地，与形而下的社会、人生、经济、文化等融合在一起	将儒家的一整套学修系统融合起来